자신만만
어린이
말하기

자신만만 어린이 말하기

지은이 이향안
그린이 신대관
펴낸이 정규도
펴낸곳 (주)다락원

초판 1쇄 발행 2019년 12월 16일
4쇄 발행 2025년 6월 4일

편집 김경민, 조선영
디자인 로컬앤드

다락원

주소 경기도 파주시 문발로 211
내용문의 (02)736-2031 내선 276
구입문의 (02)736-2031 내선 250~252
     Fax (02)732-2037
출판등록 1977년 9월 16일 제406-2008-000007호

Copyright © 2019, 이향안

저자 및 출판사의 허락 없이 이 책의 일부 또는 전부를 무단 복제·전재·발췌할 수 없습니다.
구입 후 철회는 회사 내규에 부합하는 경우에 가능하므로 구입문의처에 문의하시기 바랍니다.
분실·파손 등에 따른 소비자 피해에 대해서는 공정거래위원회에서 고시한 소비자 분쟁 해결 기준에 따라 보상 가능합니다. 잘못된 책은 바꿔 드립니다.

ISBN 978-89-277-4747-5 73190

http://www.darakwon.co.kr
다락원 홈페이지를 통해 인터넷 주문을 하시면 자세한 정보와 함께
다양한 혜택을 받으실 수 있습니다.

발표와 토론이 쉬워지는 말하기 비법

자신만만 어린이 말하기

이향안 글 | 신대관 그림

다락원

신나고 재미난 말하기!

말만 하려고 하면 얼굴이 빨개지나요?
친구들 앞에 나서기만 해도 가슴이 쿵쿵 뛰나요?
마음은 그렇지 않은데 자꾸 말이 이상하게 나와서 오해를 받고는 하나요?

만약 그렇다면 고민이 무척 심할 거예요.
발표 시간만 되면 진땀이 나고,
회장 선거에 도전해 보고 싶어도 친구들 앞에 나서기가 부담돼서 지레 포기해야 할 테니까요.
꼭 사귀어 보고 싶은 친구가 있어도 말을 먼저 걸 용기가 나지 않는 경우도 많겠지요.

이 같은 고민이 있는 친구라면 이런 바람도 갖고 있을 거예요.
'멋지게 내 생각을 표현할 수 있는 능력이 생겼으면 해.'
'친구들이 내가 하는 이야기를 재미있다고 해 주면 좋겠어.'

걱정하지 말아요. '자신만만 어린이 말하기'가 있잖아요.
이 책 속에 주인공인 다담이도 말하기에는 영 소질이 없는 아이예요.
하지만 술술샘을 만나 말하기 고수로 성장한답니다.
말하기 초보, 말하기 중수, 말하기 고수의 단계로 이어지는
술술샘만의 체계적인 비법을 배웠기 때문이지요.

그 비법이 궁금하다고요?
그럼 바로 이 책을 펼쳐 보세요.
신나고 재미난 말하기 방법과 비법들이 펼쳐지니까요.

2019년 11월

이향안

이 책의 순서

레벨 1 말하기 초보 탈출하기

01	긴장되고 부끄러워요	12
02	목소리가 작아요	18
03	말이 너무 빨라요	24
04	부정적인 말을 잘 써요	30
05	자기 이야기만 해요	36
06	횡설수설하고 산만해요	42

레벨 2 말하기 중수 탈출하기

07	눈높이를 맞추자	50
08	숫자를 활용하자	56
09	이야깃거리를 찾아 두자	62
10	속담과 명언을 활용하자	68
11	말하기 멘토를 만들자	74

레벨 3 학교에서 말하기 고수되기

- 12 자기소개하기 — 82
- 13 발표하기 — 90
- 14 연설하기 — 98
- 15 토론하기 — 104
- 16 친구와 대화하기 — 110

레벨 4 일상에서 말하기 고수되기

- 17 인사 나누기 — 118
- 18 가족 간의 말하기 — 126
- 19 웃어른과 말하기 — 132
- 20 전화로 말하기 — 138
- 21 사회 보기 — 144

등장인물

다담

세상에서 말하기가 가장 무서운 아이.
술술샘에게 말하기 특별 수업을 받은 후,
말하기 초보에서 고수로 성장한다.

술술샘

다담이에게 말하기 특급 비법을 전수해 주는
인자한 선생님. 동에 번쩍 서에 번쩍 나타나
다담이를 도와준다.

고양이와 개

다담이네 집에서 키우는 반려동물.
다담이와 술술샘을 졸졸 따라다니며
말하기 수업을 같이 듣는다.

세린이

다담이네 학교 최고의 말하기 고수.
다담이가 가장 닮고 싶은 친구이다.

다솜과 다울

다담이의 누나와 다담이의 동생.
다담이와 자주 다투지만,
같이 어울려서 놀기도 하는 든든한 형제이다.

대호

다담이의 친구. 유쾌한 이야기꾼이다.

레벨 1

말하기 초보 탈출하기

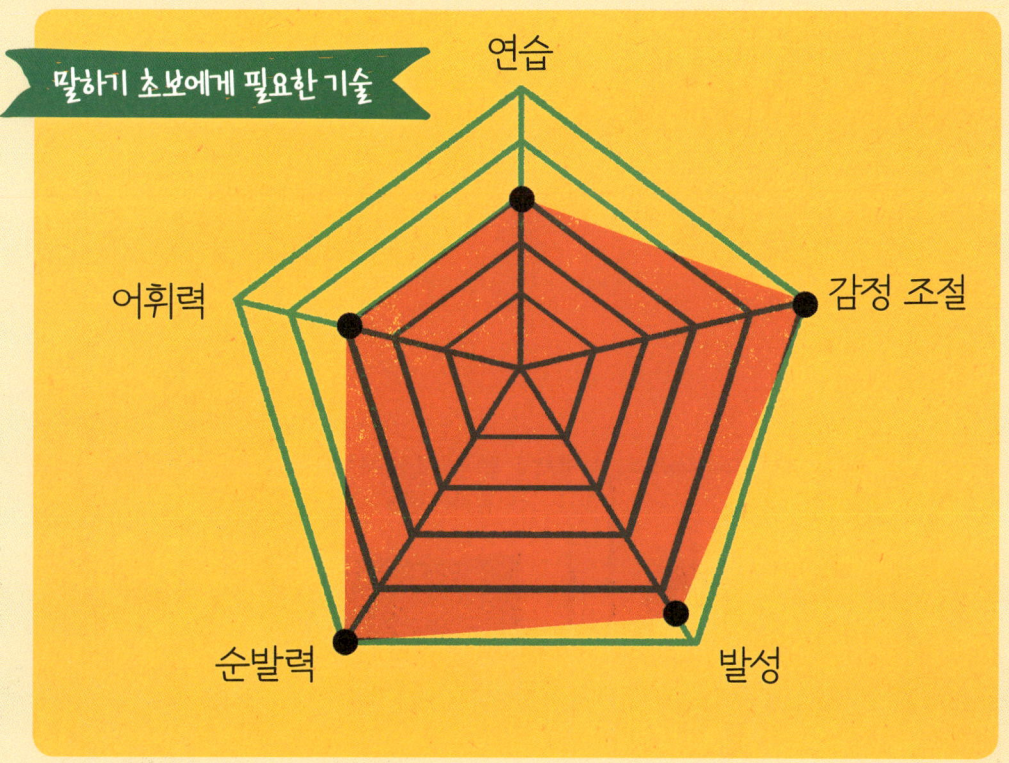

말하기 초보는
순발력과 감정 조절 부분이 턱없이 부족해.
발성과 어휘력도 부족한 경우가 많지.
연습을 통해 말하기 초보를 극복하자!

01 긴장되고 부끄러워요

술술샘의 술술 상담소

친구들 앞에만 서면 긴장되고 부끄러워요. 가슴이 쿵쿵 뛰고, 얼굴이 화끈거리기까지 해요. 자기소개를 한마디도 못하고 말았어요.

처음 만난 친구들 앞에서 긴장되고 떨리는 건 당연한 거야. 많은 사람 앞에서는 선생님도 떨리긴 마찬가지란다.

선생님도요? 제가 이상한 거 아닌가요?

이상하지 않아. 누구나 겪는 자연스러운 현상이라고 생각하면 마음이 한결 가벼워지지. 부끄러움은 마음먹기에 달려 있단다.

마음먹기! 명심할게요.

그런데 그 증상이 유난히 심하다면 친구를 사귀거나 학교생활을 할 때 조금 불편할 수도 있어. 이런 증상을 발표 울렁증이라고 불러. 걱정하지 마. 금방 고칠 수 있단다.

말하기 초보 탈출하기

술술샘의 술술 해법

말하기는 입이 아니라, 마음먹기에 달렸다!

난이도 ✸✧✧✧

발표 울렁증은 왜 생길까? 문제는 걱정하는 습관 때문이야.
'말을 못하면 친구들에게 놀림을 받을 텐데.'
'혹시 말하다가 실수하면 어쩌지?'
바로 이런 걱정들이 말하기를 무서워하게 만들지.
이런 걱정은 말하기와 관련된 나쁜 기억 때문에 생기는 경우가 많아.
예전의 기억이 안 좋은 감정으로 남은 거지.
어쩌다 한 발표에서 실수했는데, 친구들의 비웃음에 창피했던 기억 같은 거 말이야.
말하기는 입이 아니라 마음먹기에 달렸어.
그래서 발표 울렁증이 있어도 얼마든지 말하기 고수가 될 수 있지.

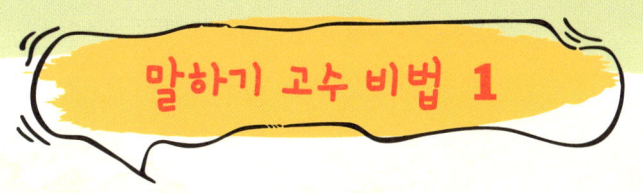

긍정적인 생각을 하자

걱정하는 습관은 긍정적인 생각을 하는 훈련으로 고칠 수 있어.

평소에 하던 생각과 반대로 생각해 봐.

'말을 하다 틀려도 괜찮아', '다음에 더 잘하기 위한 연습이야.'라고 말이야.

친구들에게 놀림 받을까 봐 걱정하지 마. 실수는 누구나 할 수 있어.

실수하더라도 일기장에 적어 두었다가 다음에 같은 실수를 하지 않으면 돼.

실수를 배움의 기회로 삼는 긍정적인 마음을 기르는 거야.

긍정적인 생각을 하다 보면 자신감도 생기게 되지.

자신감 있는 태도는 말하기에서 제일 중요한 요소거든.

말하기 고수 비법 2

밝은 표정과 바른 자세, 시선 처리!

1. 표정과 자세

자연스럽고 편안한 표정은 상대방에게 안정감을 주지.

특히 살짝 웃는 밝은 표정은 모두에게 좋은 인상을 남겨.

말을 좀 못하고 더듬거려도 괜찮아.

미소 띤 얼굴로 말하면 충분히 좋은 인상을 줄 수 있어.

자세도 중요해. 경직되거나 껄렁껄렁한 자세보다는 반듯하고

당당한 자세를 취하는 게 좋아. 그러면 더 믿음직스러워 보이지.

좋은 표정과 자세

허리를 곧게 세우고, 어깨를 활짝 펴자. 손은 자연스럽게!

입꼬리를 살짝 올려 미소를 띠자.

안 좋은 표정과 자세

경직된 표정은 좋지 않아.

다리를 떨지 말자.

멍한 표정과 구부정한 자세는 어색해 보여.

팔짱을 끼거나 화난 표정은 무서워!

레벨업 비법 — 미소 연습법

1. **얼굴 근육 풀기**
   거울을 보며 '아, 에, 이, 오, 우' 하고 얼굴 근육을 풀어 줘.

2. **살짝 올라간 입꼬리 연습하기**
   볼펜이나 나무젓가락을 입에 물고 '가, 나, 다, 라'를 읊어 봐.

2. 시선

대화를 나눌 때 정면이나 상대방의 눈을 똑바로 응시하는 게 좋아.

서로 눈을 마주 보면 신뢰감과 친근감이 느껴지지.

눈을 마주치는 게 다소 부담스럽다면 상대방의 미간이나 귀를 바라보는 것도 좋아.

눈은 자주 깜빡거리지 않도록 해.

상대방이 불안해질 수도 있어.

좋은 시선

안 좋은 시선

말하기 초보 탈출하기

02 목소리가 작아요

술술샘의 술술 상담소

친구들에게 '같은 조를 하고 싶어.'라고 큰 소리로 말하고 싶었다고요. 하지만 마음과 달리 목소리가 개미만 하게 나오지 뭐예요.

그럴 수도 있지. 아직 친하지 않으니까 쑥스러워서 그랬을 거야.

실은 친한 친구들 앞에서도 제 목소리는 작아요. 그래서 별명이 '개미'예요. 헉! 혹시 제 목소리에 문제가 있는 걸까요? 무슨 병이 있는 게 아닐까요?

목소리가 작은 건 병이 아니야! 말하는 방법의 문제인 거지. 발성과 발음을 익히면 충분히 해결할 수 있어.

발성과 발음이요?

그렇지. 너도 당당하고 자신감 넘치는 목소리 짱이 될 수 있어. 참! 발성과 발음보다 중요한 건 자신감이야. '난 할 수 있다.'라는 마음으로 도전하면 모든 게 술술 풀릴 거야.

말하기 초보 탈출하기

술술샘의 술술 해법

작은 목소리는 발성과 발음으로 해결하자!

난이도 ✹✧✧✧

누군가를 기억할 때 우리는 무엇을 떠올릴까?
그의 얼굴, 옷매무새, 자세, 머리 모양을 먼저 기억할까?
시각적 이미지는 시간이 지나면 희미해진대.
반면 청각적 이미지인 목소리는 오랫동안 강하게 기억돼.
오죽하면 목소리를 '제2의 얼굴'이라고 하겠어.
목소리는 상대방을 끌어당기기도 하고 밀어내기도 해.
그렇다면 어떤 목소리가 사람을 끌어당길까?
그건 당당하고 자신감 넘치는 목소리야.
그런 목소리는 무척 강한 인상을 남기거든.
발성과 발음을 제대로 연습하면 누구나 목소리를
크고 힘차게 바꿀 수 있어.

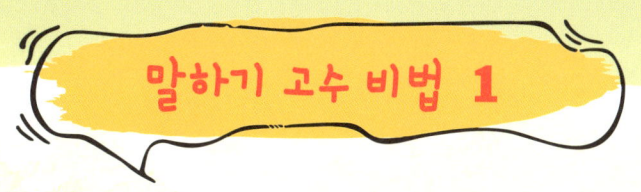

발성의 포인트는 입 모양과 복식 호흡!

목소리를 내는 걸 발성이라고 해.

입 모양을 동그랗게 하고 복식 호흡을 하면 좋은 발성을 낼 수 있어.

우리가 숨을 내쉬는 동안, 공기가 목에 성대를 진동시켜서 목소리가 나와.

이때 소리가 울리는 공간인 입안이 조금 열려 있으면 어떨까?

소리가 증폭되지 않을 거야. 그래서 동그랗게 입을 열어야 하지.

혀도 중요해. 혀를 아래로 내려야 입안의 공간이 넓어져.

또 복부를 이용하는 복식 호흡을 하면 보다 큰 소리를 낼 수 있어.

배에 숨을 가득 채운 후에 깊게 숨을 내뱉으며 '아~' 하고 소리 내 봐.

훨씬 듣기 좋은 목소리가 만들어질 거야.

목소리를 깨우는 복식 호흡법!

1. 두 손을 아랫배에 가볍게 올려놓고 코와 입으로 공기를 훅 내뱉어.

2. 다시 서서히 코로 숨을 들이마셔. 배까지 숨을 가득 채워.

3. 배에 모인 공기를 입으로 조금씩 천천히 내뿜어 줘.

4. 공기가 거의 다 나갔다 싶을 때 마지막 남은 공기를 힘차게 내뿜어.

5. 다시 입을 다물고 코로 숨을 들이마시며 앞 과정을 5회 이상 반복해.

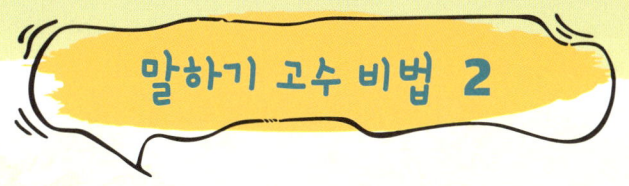

정확한 발음을 연습하자 (1단계)

발성 못지않게 중요한 건 정확한 발음이야.

발음이 정확하면 목소리가 다소 작아도 상대방에게 말소리가 잘 전달돼.

한글은 첫 자음인 '초성', 모음인 '중성', 끝 자음인 '종성'으로 이루어져 있어.

초성, 중성, 종성은 충분한 길이로 정확하게 발음해야 해.

먼저 '가, 나, 다, 라' 등 한글을 순서대로 말해 보고, 어려운 발음이 있다면 그 말이 들어가는 단어를 찾아서 말하는 거야.

예를 들어, 'ㄹ'이 어렵다면 '라면, 가래떡, 벌레, 장롱' 등을 연습하는 거지.

레벨 업 비법 — 내 목소리를 들어 봐!

1. 녹음기를 켜고, 친구와 나눈 대화 내용을 녹음해.

2. 녹음된 대화 내용을 들어 봐.

3. 내가 어떤 발음을 부정확하게 말하는지 노트에 적어 봐. 부정확한 발음은 반복해서 연습해.

03 말이 너무 빨라요

술술샘의
술술 상담소

말하기는 정말 어려워요.
빨리해도 문제, 느리게 해도 문제인걸요.

말이야 빨리할 수도 있고, 좀 느리게 할 수도 있지. 큰 문제는 아니야. 그런데 처음에는 왜 그렇게 빨리 휘리릭 말한 거야?

좋은 생각이 떠올라서 빨리 친구들에게 말하고 싶어서요.

음, 마음이 급했구나. 그럼 그다음에는 왜 느릿느릿 거북이처럼 말한 거지?

한 글자씩 알려 주면
잘 들릴 줄 알았거든요.

말에는 듣는 사람이 알아듣기 좋은 적당한 속도가 있어. 그 속도에 맞춰서 말하면 친구들이 네 말을 잘 알아들을 수 있지. 서로 대화를 나누기도 수월해져. 이번엔 말의 속도에 대해 알려 줄게.

술술샘의 술술 해법

말하기에도 속도 조절이 필요하다!

난이도 ✦✧✧✧

말하기는 차를 운전하는 것과 비슷해.
운전할 때 너무 빠르면 사고 발생 위험이 커져.
또 너무 느리면 뒤에 오는 차들이 가지 못하는 주행 방해가 생겨.
말을 할 때도 너무 빠르면 듣는 사람이 알아듣지 못하는 사고가 발생해.
반면에 너무 느릴 때는 대화의 흐름이 끊기게 돼.
자연스러운 대화를 방해하는 거지.
그래서 적당한 속도로 말하는 게 중요해.
그런데 이미 입에 배어 버린 말의 속도를 바꾸는 건 쉽지 않아.
시간을 두고 천천히 연습해야 하지.
하지만 말의 속도만 바꿔도 친구들에게 아주 좋은 인상을 줄 수 있어.

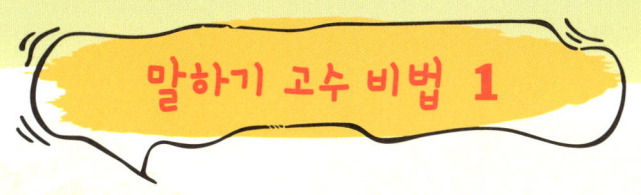

말하기 고수 비법 1

반대로 말해 보자!

말이 빠른 사람은 조금 느리게, 말이 느린 사람은 조금 빠르게 말하는 연습을 하면 돼.

1. 말이 빠르면 쉬었다 가자!

말이 빠르다는 건 쉬지 않고 말한다는 뜻이기도 해.

만약 띄어쓰기가 안 된 문장이 있다면 어떨까?

"언니가방에들어간다." 내용을 알아보기가 힘들어.

"언니가∨방에∨들어간다." 띄어쓰기했더니 내용이 한눈에 들어오지.

글에 띄어쓰기가 있는 것처럼, 말도 마찬가지로 어절(문장의 최소 단위를 말해.) 단위로 띄어서 말해야 해.

단숨에 말을 내뱉지 말고, 앞말과 다음 말 사이에서 아주 잠시 쉬어 가면 금방 달라질 수 있어.

말하기 초보 탈출하기

2. 말이 느리면 빨리 서두르자!

말이 느린 사람은 자주 쉬어서 문제가 되는 경우야.

"언…니…가…방…에…들…어…간…다."

말이 느린 경우에도 어절 단위로 띄어서 말하면 훨씬 속도가 빨라질 수 있어. 서둘러서 말하는 거야. 이때 "언니가~ 방에~ 들어간다~."처럼 말꼬리를 길게 늘이지 않도록 주의해야 해. 어절 단위로 끊어서 빠르게 말해도, 말꼬리가 길면 느리다는 인상을 주기 때문이야.

레벨 업 비법

상황에 따른 속도 조절

속도를 의도적으로 조절해서 분위기를 환기할 수도 있어.

상황1 중요한 이야기를 할 때⋯ 조금 천천히 말하면 주위를 집중시킬 수 있어.

상황2 어려운 이야기를 할 때⋯ 조금 천천히 말하면 상대방이 이해하기 쉬워져.

상황3 가벼운 이야기를 할 때⋯ 조금 빨리 말하면 흥미를 유발할 수 있어.

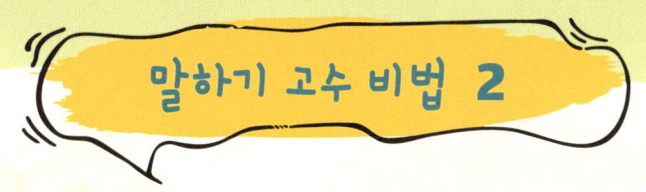

말하기 고수 비법 2

정확한 발음을 연습하자 (2단계)

사실 말이 느리거나 빠를 때의 가장 큰 문제는 상대방이 알아듣기 힘들다는 거야.

발음이 부정확해서 내용을 정확히 알아듣기 어렵지.

또 급하게 말하면 단어가 겹쳐져서 발음되거나 쇳소리가 날 수도 있어.

아무리 재미난 이야기라도 내용이 전달되지 않으면 무슨 소용이겠어.

발음 연습으로 낭독이 최고야.

책을 펼치고서 책 속의 글을 또박또박 소리 내서 읽는 거지.

크고 정확하게 발음하는 연습을 하면 어느새 자신감이 넘치는

당당한 제 목소리를 찾게 될 거야.

레벨 업 비법

발음의 고수되기 비법 3단계!

다음 문장을 또박또박 말해 봐!

1단계 ⋯ 간장 공장 공장장은 강공장장이고, 된장 공장 공장장은 정공장장이다.

2단계 ⋯ 팥죽집 팥죽은 붉은팥 팥죽이고, 콩죽집 콩죽은 검은콩 콩죽이다.

3단계 ⋯ 중앙청 창살은 쌍창살이고, 시청 창살은 외창살이다.

04 부정적인 말을 잘 써요

술술샘의 술술 상담소

이상해요. 전 제 마음을 솔직하게 표현한 것뿐인데 친구들이 저를 무서워해요. 친구들이 왜 그러는 걸까요?

친구들의 속마음을 알고 싶니? 그럼 상황을 바꿔서 생각해 보자. 넌 불고기를 좋아하는데 친구가 불고기를 보며 투덜거리면서 "맛없어!" 하면 어떨까?

당연히 입맛이 뚝 떨어지죠.

그럼 반대로 그 친구가 불고기를 먹으며 "너무 맛있어! 최고야!" 하면 어떨까?

그럼 불고기가 더 맛있겠죠. 그리고 친구랑 더 친하게 지낼 거 같아요.

불고기는 똑같은데 좋은 말을 들으면 더 맛있고, 부정적인 말을 들으면 맛이 없어지잖아. 말은 마술처럼 상대의 마음과 행동을 바꿔 놓는 힘이 있어. 명심해! 좋은 말, 긍정적인 말을 쓰면 친구들이 네 주변으로 모인다는 사실!

말하기 초보 탈출하기

술술샘의 술술 해법

좋은 말, 긍정적인 말은 친구들을 부른다!

난이도 ✸✧✧✧

옛말에 '향을 싼 종이에서 향내가 나고, 생선을 묶은 새끼줄에서는 비린내가 난다.'라는 말이 있어.
즉 향처럼 좋은 마음에서는 긍정적인 말이 나오고, 비린 생선처럼 부정적인 마음에서는 부정적인 말이나 행동이 나온다는 뜻이야.
그래서 우리는 말로 그 사람의 성격이나 생각을 짐작하고는 하지.
부정적인 말을 쓰는 사람은 마음도 행동도 부정적이고 비관적인 경우가 많거든. 친구들은 그걸 좋아하지 않는 거지.
하지만 해결 방법은 의외로 간단해.
긍정적인 마음을 가지면 돼. 그게 쉽지 않다고?
그럼 비법을 공개할 수밖에!

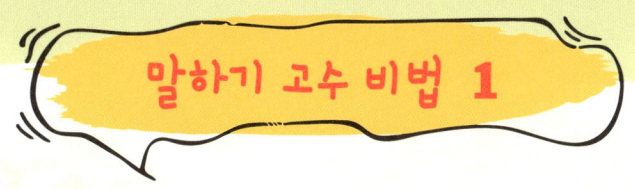

말하기 고수 비법 1

좋은 말은 마음과 행동까지 바꾼다!

긍정적인 마음이 좋은 말을 만든다고 했는데 뒤집어서 생각해 보는 거야.

오히려 좋은 말이 긍정적인 마음과 행동을 만든다고도 볼 수 있거든.

좋은 말을 반복해서 사용하면 마음도 밝고 긍정적으로 변하지.

그러니까 의식적으로 좋은 말을 하는 습관을 들여 봐.

1. 급식 메뉴로 싫어하는 반찬이 나왔다면?

"웩, 제일 싫어하는 오이잖아? 먹기 싫어!"

↓ 이렇게 말해 봐.

"좋아하지 않는 반찬이네. 하지만 건강에는 좋을 거야. 먹어 보자!"

2. 친구가 어울리지 않는 옷을 입었다면?

"넌 왜 옷을 그렇게 이상하게 입니? 우스꽝스러워."

↓ 이렇게 말해 봐.

"우아, 너 오늘 아주 멋지다. 개성 있는걸?"

바꿔 말해 보니 어때? 싫어하는 반찬이 훨씬 맛있어 보이고,

이상해 보이던 친구 옷차림도 근사하게 보일 거야.

친구들도 긍정적인 네 모습과 말투에 호감을 느낄 게 분명해.

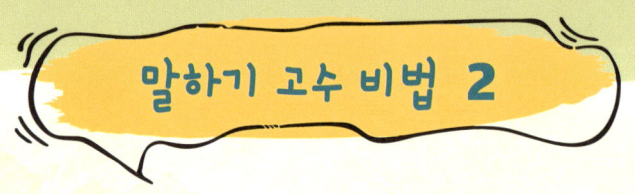

말하기 고수 비법 2

화를 잘 다스리자!

부정적인 말을 자주 사용할 때는 마음속에 화가 부글부글 끓을 경우가 많아.

그래서 상대방에게 심한 말을 하거나 부정적인 말을 내뱉기 쉽지.

그럼 화는 왜 나는 걸까?

화는 우리 마음속의 이차적 감정이라고 해.

마음속에 일차적으로 고통이나 슬픔, 분노가 쌓이면 그것이 '화'라는 감정으로 바뀌어서 폭발하지. 그렇게 화를 욕이나 비방 등의 부정적인 말로 폭발시키고 나면 그 말은 듣는 사람에게로 옮겨 가 상대방의 마음도 상하게 만들어.

마치 불이 여기저기로 옮겨붙어 온통 쑥대밭을 만드는 것처럼 말이야.

그러니 마음속에 분노나 슬픔 등의 부정적인 감정이 쌓이지 않도록 해야 해. 운동이나 놀이, 신나는 음악 듣기, 친구들과의 대화 등으로 가벼운 분노나 슬픔을 풀어 버리도록 하자.

레벨 업 비법

타임! 10까지 숫자 세기

화라는 건 지속적인 감정은 아니야.
시간이 조금 지나면 누그러지고 사르르 사라지지.
그러니까 울컥 화가 나서 욕설이나 비난의 말이 입에서 나오려고 하면,
그 순간 마음속으로 '타임!'을 선언해.
그리고 천천히 숫자를 세어 보는 거야.

"1, 2, 3, 4, 5, 6, 7, 8, 9, 10!"

그럼 마음이 가라앉으며 욕설처럼 감정적인 말들이 사라지는 걸 느끼게 될 거야.

05 자기 이야기만 해요

술술샘의 술술 상담소

대체 내가 뭘 잘못한 거죠? 고민을 이야기하길래 제 경험을 말해 줬을 뿐이에요.

그래. 다담이는 최선을 다해 친구를 도와주려고 한 거니까 억울할 거야. 그런데 친구는 고민거리를 다담이가 들어 주며 서로 대화를 나누고 싶었던 게 아닐까?

그러니까요. 저도 대화를 잘하려고 제 이야기를 해 준 거라고요.

대화란 '마주 대하며 이야기를 주고받는 것'이야. 그야말로 주고받는 말인 거지. 근데 일방적으로 자기 말만 한다면 그건 대화가 아니라 혼자 하는 웅변이 되고 말아.

웅변이요?

대화는 공놀이와 비슷해. 만약 한 사람이 혼자서만 계속 공을 가지고 놀면 어떨까? 모두 짜증이 나겠지? 또 혼자서 공놀이를 하면 나중에는 지루해질 거야. 다른 사람과 주고받으면 더 즐거운 법이거든. 대화도 마찬가지야.

술술샘의 술술 해법

대화는 쌍방향으로 오가는 핑퐁(Ping-Pong)이다!

난이도 ✦✦✦✦

말을 잘한다고 할 때는 보통 웅변형 말하기를 가리키는 경우가 많아.
여러 사람 앞에서 연설을 잘하면 말을 잘한다고 하지.
하지만 대화는 이것과 달라. 대화는 서로 간의 소통이거든.
오가는 말로 위안을 주고받고 즐거움을 나누는 거야.
대화를 잘 못하는 사람들은 일방통행 대화를 해.
훈계하듯, 자랑하듯, 넋두리하듯 제 얘기만 늘어놓지.
그래서 대화할 때는 주거니 받거니를 잘해야 해.
탁구에서 공을 주고받듯 말이야.

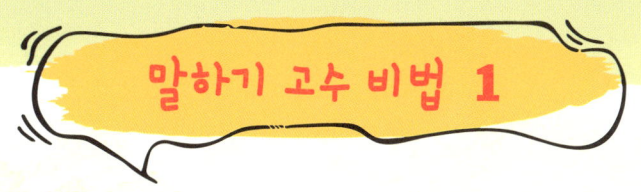

말하기 고수 비법 1

핑퐁, 핑퐁 질문을 던지자!

핑퐁 대화는 마치 탁구대를 가운데 두고 공을 서로 주고받듯이 핑퐁, 핑퐁 리듬을 타며 쌍방향으로 오가는 대화야.

어떻게 대화를 이끌어 갈지 모르겠다고?

그럴 때는 상대방을 보면서 이렇게 말하면 돼.

"넌 어떻게 생각하니?", "이럴 땐 어떻게 하면 좋겠니?"

질문을 던지는 거야. 그럼 자연스럽게 대화의 공이 상대에게 넘어가면서 핑퐁 대화가 시작되지. 질문이 어렵다면 흥미로운 화제를 꺼내도 좋아.

"오늘 체육 시간이 기대돼!"라고 말이야.

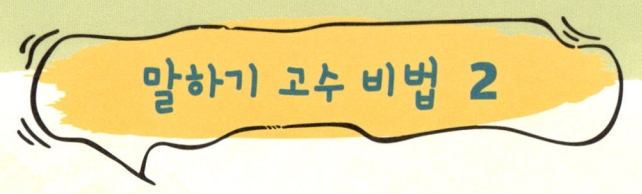

경청왕이 되어 보자!

남의 말을 듣는 걸 '경청'이라고 해.

대화의 기본은 상대방의 이야기를 들어주는 거야.

고민이 있을 때 상대가 내 고민을 진심으로 들어주면 큰 위로가 되지.

반대로 내 말을 듣는 둥 마는 둥 하며 산만하게 굴면 상처를 받게 돼.

친구의 이야기가 조금 지루하고 재미없어도 진심으로 걱정하며 들어주는 습관이 중요해!

경청도 고수의 비법이란 사실을 명심하자.

1. 맞장구치기

친구의 이야기를 들을 때 어떻게 해야 할까?

말없이 멀뚱멀뚱 가만히 있기보다는 고개를 끄덕이며 맞장구를 쳐 주자.

또 친구의 말에 동의한다는 표시로 이렇게 말하는 거야.

"맞아, 맞아!", "그래, 그거야!", "그래, 힘들겠다!", "정말 속상하겠네."라고.

2. 반복하기

친구의 이야기를 반복해서 말하는 것도 좋은 방법이야.

친구의 이야기를 이해하고 집중해서 듣고 있다는 표시이기도 하거든.

이때 주의해야 할 것이 있어. 친구의 말을 복사기처럼 똑같이 반복하지 않도록 해야 해.

친구가 쓴 말과 비슷한 표현을 쓰되, 짧게 말하는 거지.

"우리 고양이가 새끼를 5마리 낳았어."라고 말하면 "가족이 늘었구나!"라고 해 봐.

이렇게 하면 대화 내용을 기억하기도 수월해질 거야.

06 횡설수설하고 산만해요

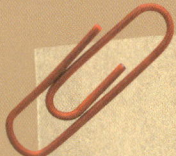
지각 대장

술술샘의 술술 상담소

친구들은 제 이야기가 지루한 모양이에요. 제가 엉뚱하대요. 속상해요.

음, 그런 말을 들으면 정말 속상하지. 말하는 게 두려워지기도 하고 말이야. 근데 친구들이 네 말을 지루하게 느끼는 이유가 뭘까 생각해 봤니?

말을 길게 해서 그런 거 같아요. 사실 말을 하다 보면 자꾸 늘어지지 뭐예요. 짧게 말해야지, 하고 생각하는데도 자꾸 길어져요.

그럴 수 있지. 그러다 보면 횡설수설하게 되고, 했던 말을 또 하게 되지.

맞아요! 말하다 보면 내가 무슨 말을 하려고 했는지도 잊게 된다니까요. 그래서 엉뚱한 말을 해요. 어떡하죠?

걱정하지 마. 엉뚱이 탈출 작전이 있으니까. 말은 글을 쓰는 것과는 달라. 글을 쓰듯 긴 문장으로 말해서 이런 문제가 생기지. 그 습관만 바꿔도 큰 변화가 생겨.

말하기 초보 탈출하기

술술샘의 술술 해법

횡설수설의 원인은 늘어지는 긴 문장이다!

난이도 ✦✧✧✧

말하기는 글쓰기와 달라.
글은 멋지고 화려하게 쓰는 경우가 많지만,
말에는 그런 것이 그다지 필요하지 않아.
한 번에 알아듣도록 간결하게 말하는 게 중요하지.
특히 중요한 이야기일수록 짧고 간결한 것이 좋아.
그래야 상대방에게 내 의견을 정확히 전달하고,
좋은 인상을 남길 수 있거든.
또 한 가지, 잊지 말아야 할 것이 있어.
사람들은 누구나 이야기를 듣는 것보다 말하기를 좋아한다는 거야.
그러니 상대에게 하는 이야기는 간결할수록 듣기 좋은 법이지.

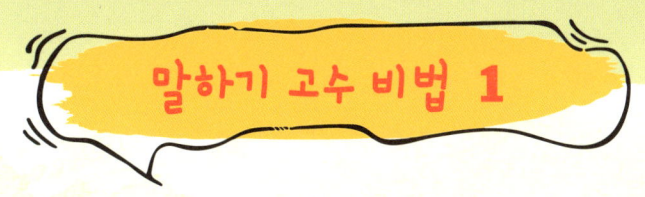

짧게, 짧게 끊어 보자!

교장 선생님의 연설 같은 지루하고 늘어지는 말하기는 그만!

다담이가 한 이야기를 글로 써 보면 얼마나 지루한 문장인지 알 수 있지.

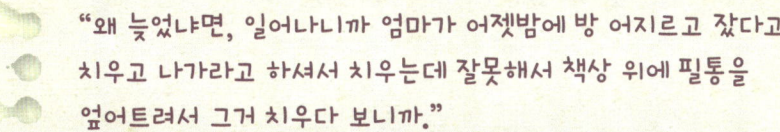
"왜 늦었냐면, 일어나니까 엄마가 어젯밤에 방 어지르고 잤다고 치우고 나가라고 하셔서 치우는데 잘못해서 책상 위에 필통을 엎어뜨려서 그거 치우다 보니까."

아휴! 문장이 끝나지 않고 계속 이어지잖아. 결론이 없어.

일단 이 문장을 짧게 짧게 잘라 보자.

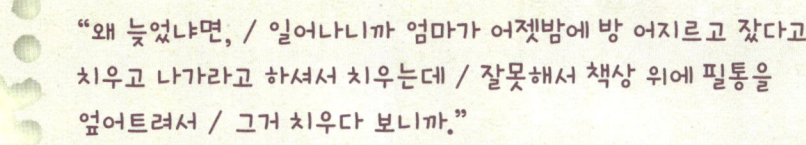
"왜 늦었냐면, / 일어나니까 엄마가 어젯밤에 방 어지르고 잤다고 치우고 나가라고 하셔서 치우는데 / 잘못해서 책상 위에 필통을 엎어뜨려서 / 그거 치우다 보니까."

이 내용을 명료하게 다시 써 보자.

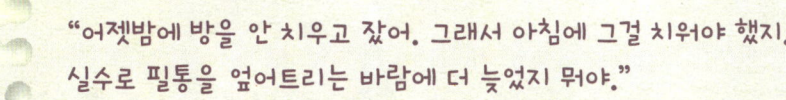
"어젯밤에 방을 안 치우고 잤어. 그래서 아침에 그걸 치워야 했지. 실수로 필통을 엎어뜨리는 바람에 더 늦었지 뭐야."

어때? 이 정도면 누구나 네 말을 쉽게 알아듣겠지?

기억해. 말은 짧게, 짧게!

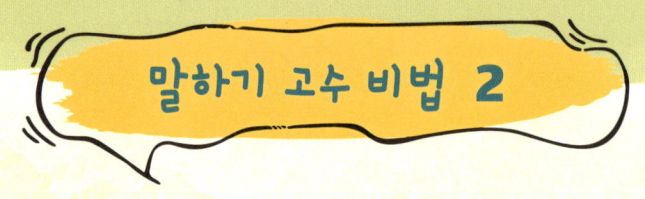

거두절미(去頭截尾)해 보자!

거두절미란 사자성어가 있어.

머리와 꼬리를 잘라 버린다는 뜻으로, 군더더기 없이 요점만 말한다는 의미야.

말하기의 고수 비법 중 하나로 말하기의 최고봉이라고 할 수 있어.

복잡한 문장으로 길게 말하는 것보다 짧은 문장으로 핵심만 말하면

듣는 사람들이 이야기에 잘 집중하지.

게다가 말하는 사람도 더 즐겁게 말할 수 있어.

말하는 이도, 듣는 이도 즐거운 대화를 나누게 돼.

간결하게 줄인 다담이의 말을 다시 한번 더 줄여 보자.

거두절미! 요점만 말해 보는 거지.

"어젯밤에 방을 안 치우고 잤어. 그래서 아침에 그걸 치워야 했지. 실수로 필통을 엎어뜨리는 바람에 더 늦었지 뭐야."

🔻 이렇게 말해 봐.

"방을 치우다가 늦었어. 미안해!"

어때? 하려는 말이 무엇인지 정확히 전달되지?

이렇게만 말한다면 엉뚱이 탈출 성공!

레벨 업 비법 — 이야기 핵심 찾기 연습!

이야기 속 핵심 찾기를 연습하면 간략하게 핵심만 말하는 습관을 들일 수 있지. 아래의 대화에서 B가 진짜 하고 싶은 말을 찾아서 써 보자.

A: "너 감기 걸렸니?"

B: "어제 친구를 만나러 가는데 갑자기 비가 와서 우산을 사려고 했는데 우산을 파는 곳이 없어서 못 사고 비를 맞았더니 옷이 다 젖고 감기에 걸렸어."

···▸ 핵심 내용:

정답: 응, 비를 맞았더니 감기에 걸렸어.

말하기 초보 탈출하기

레벨 2

말하기 중수 탈출하기

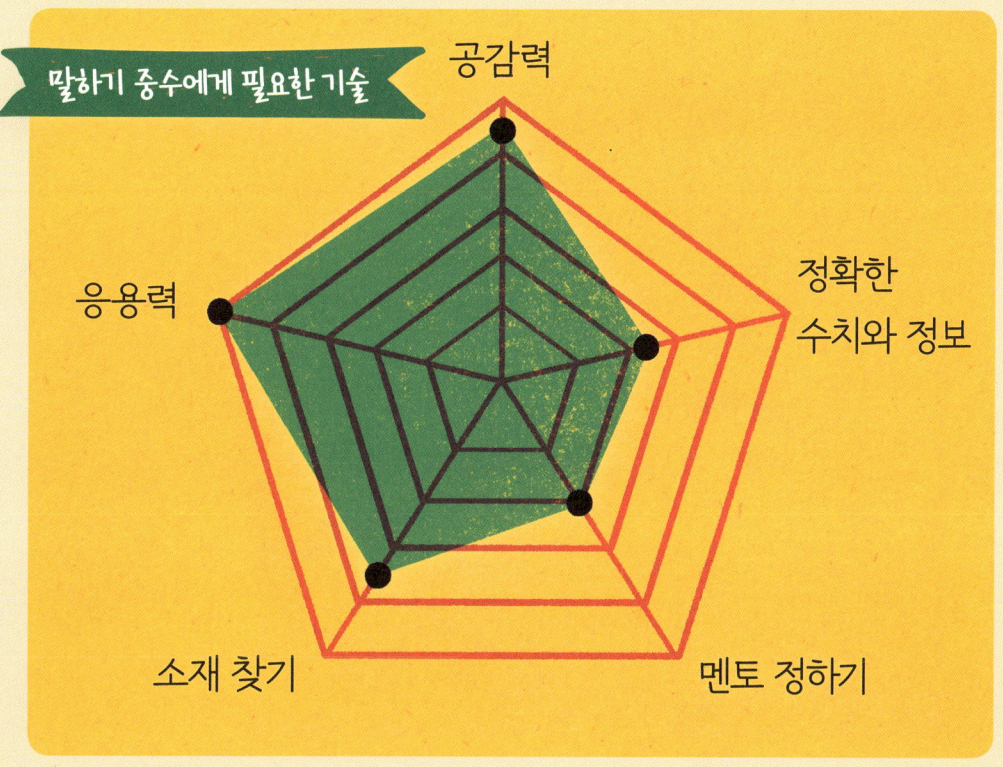

말하기 중수는
공감력과 응용력을 키워야 해.
정확한 수치와 정보 사용, 이야기 소재 찾기,
멘토 정하기도 중요하지.

07 눈높이를 맞추자

술술샘의 술술 상담소

> 동생이랑은 대화가 안 돼요. 조그마한 게 매일 대들어요. 잘하는 것도 없고 아무것도 모른다니까요. 정말 짜증 나요.

동생이나 형과 대화가 안 되면 속상하고 답답하지. 그런데 동생 입장에서 한번 생각해 볼까? 너도 동생 나이 때가 있었잖아. 그때 넌 뭐든 잘했어? 어려운 말도 척척 알아들었고?

음, 그러고 보니 저도 그때는 굼벵이가 뭔지 몰랐어요. 라면 봉지도 못 뜯었고요….

그것 보렴. 근데 네 입장만 내세우고, 상대방을 재촉하거나 화내면 곤란하지. 동생과 눈높이를 맞춰야 해.

아하, 눈높이!

엄마가 아기와 눈을 마주 보며 이야기하는 걸 본 적 있을 거야. 다리와 허리를 굽혀 아기와 키를 맞추고서 눈을 바라보며 이야기를 나누지. 그건 공감하고 이해하겠다는 의미야. 대화할 때도 이런 마음이 정말 중요해.

말하기 중수 탈출하기

술술샘의 술술 해법

대화는 서로 공감하고 이해하는 시간이다!

난이도 ✦✦✧✧

대화할 때, 상대를 무시하거나 혼자서 잘난 체하면 어떻게 될까?
대화는 시작과 동시에 곧 갈등으로 번지고 말 거야.
그래서 상대방의 눈높이를 꼭 염두에 두어야 해.
눈높이를 맞춘다는 건 겸손한 마음과 깊은 이해심을 의미해.
'나는 당신과 같아요.', '나는 당신과 대화할 준비가 되었어요.'라는 마음이 담긴 거지.
역지사지(易地思之)로 상대의 입장을 먼저 생각하고 이해하면 돼.
그런데 실제로 서로의 눈을 보며 대화하면 상대에게 신뢰를 주고, 공감을 높일 수 있다고 해.
놀랍지? 몸과 마음의 눈높이가 그리 다르지 않은 거야.

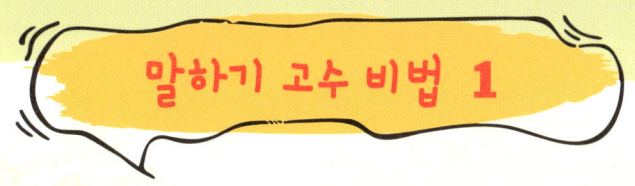

입장을 바꿔 생각해 보자

눈높이를 맞추려면 상대방의 입장에서 생각해야 해.

같은 문제라도 내 생각과 상대방의 생각이 다를 수 있으니까 말이야.

평소에 대화할 때 입장 바꾸기 연습을 해 봐.

◉ **입장 바꾸기 연습**

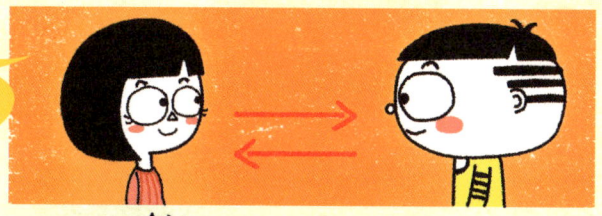

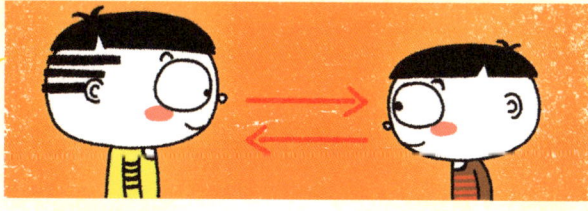

레벨 업 비법 — 공통점 찾기

공감력을 높이고 싶다면 공통점을 찾아봐.
공통점을 이야기하면 서로 공감하기 쉬워지지.

◉ 공감력을 높이는 공통점 찾기의 예

"어? 너도 나처럼 안경 썼구나. 그 안경 어디서 샀어? 멋진데."	"너도 그렇게 생각해? 와! 나랑 같은 생각이라니 정말 신난다."	"너도 그 가수 좋아하는구나. 나도 팬이야. 넌 무슨 노래 좋아해?"

말하기 고수 비법 2

미소로 대화하자

만약 상대방이 얼굴을 찡그리고 있다면 어떨까?

나도 찡그리게 될 거야. 그렇지만 웃고 있다면 나도 따라서 웃게 돼.

이를 거울 효과(Mirroring effect)라고 해.

웃음은 무겁고 어려운 말도 가볍고 즐겁게 만드는 마술 같은 힘이 있어.

사람의 마음을 편안하게 해 주기 때문이야.

엷은 미소를 항상 입가와 눈가에 띠고서 말하는 습관을 들여 봐.
웃음에는 공감력을 높이는 것 외에도 다양한 능력이 숨어 있어.

● 웃음의 숨겨진 능력!

1. 하루에 15초씩 크게 웃으면 면역 세포가 활성화되어 수명이 2일 늘어난대.
2. 3분간 웃으면 1kcal가 소모되어 다이어트에도 효과가 있대.
3. 웃는 동안에는 장의 연동 운동이 활발해서 소화 기능이 좋아진대.
4. 웃는 동안에는 세로토닌, 도파민 등의 신경 전달 물질이 뇌에서 분비돼서 우울증을 예방해 준대.

우리 몸 안에서 이런 좋은 일들이 일어나니까 당연히 대화도 즐거워지는 거야.

말하기 중수 탈출하기

08 숫자를 활용하자

생일 파티

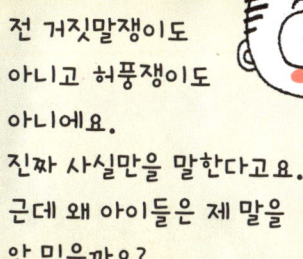

전 거짓말쟁이도 아니고 허풍쟁이도 아니에요. 진짜 사실만을 말한다고요. 근데 왜 아이들은 제 말을 안 믿을까요?

정말 큰 고민인걸. 사실을 말하는데도 친구들이 믿지 않는다면 말이야. 근데 왜 작은 닭 다리가 더 살이 찐다는 거야?

그건 과학적인 근거를 바탕으로 한 얘기예요. 보통 크기의 구운 오징어 한 마리는 198kcal이고, 보통 크기의 튀긴 닭 다리는 211kcal거든요. 신문에서 읽었어요.

아하! 그렇게 말하니까 이유를 알겠군. 네 말에 믿음도 확 가고 말이야. 친구들에게도 그렇게 말하면 좋았을 텐데…. 그게 바로 숫자 활용술이야!

숫자 활용술이요?

숫자 활용술이란 숫자로 표현하는 통계나 확률 등을 사용해서 말의 신뢰성을 높이는 기술이란다.

말하기 중수 탈출하기

술술샘의 술술 해법

정확한 수치와 정보는 말의 신뢰감을 높인다!

난이도 ✸✸✧✧

만약 같은 내용을 보통 사람과 전문가가 말하면
사람들은 누구 말을 더 주의 깊게 들을까?
누구의 의견을 믿을까?
당연히 전문가의 말을 더 신뢰하게 돼.
왜 그럴까? 전문가들이 말하는 걸 들어 보면 한 가지 공통점이 있어.
바로 자기가 아는 전문 분야를 이야기할 때는
조사나 실험으로 얻은 정확한 수치나 정보를 근거로 든다는 거야.
그래서 전문가의 의견이 더 믿음직스럽고 정확하게 들리지.
이처럼 정확한 수치나 정보를 대화에 활용하면 설득력 있는 주장을
할 수 있어. 근거가 대화의 승패를 좌우하거든.
마치 기초가 튼튼한 집이 오래가는 것처럼 말이야.

나는 1256개의 벽돌로 만들어졌지!

레벨 2

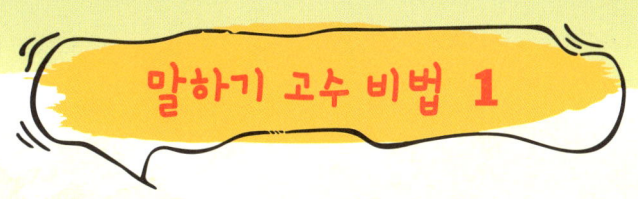

말하기 고수 비법 1

숫자를 활용해서 말해 보자

"임진왜란은 언제 일어났어?"

친구에게서 이런 질문을 받으면 어떻게 대답하면 좋을까?

보통은 이렇게 말할 거야.

"조선 시대 선조 임금 때잖아."

그럼 친구는 이렇게 말할지도 몰라.

"정말? 확실해?"

그런데 이렇게 말해 보면 어떨까?

"조선 14대 왕 선조 때인 1592년에 일어나서 1598년까지 이어졌어."

그럼 친구는 이렇게 고개를 끄덕일 거야.

"오호! 그렇구나. 넌 어떻게 그걸 다 아니?"

상대를 믿음직스러워하는 친구의 마음이 느껴지지?

그 믿음은 바로 정확한 연도에서 비롯된 거야.

이처럼 수치는 전문적인 느낌을 주고 말에 신뢰를 높여 줘.

● **신뢰감을 주는 말하기 연습**

"국민의 53%가 그 의견에 찬성했어."

"그 프로그램의 시청률은 25%야."

"이번 학급 토론 시간에 20명 중 12명이 찬성했대."

말하기 고수 비법 2

정확한 용어를 익혀라!

정확한 용어를 사용하면 말의 신뢰감을 높이는 데 도움이 돼.
예를 살펴보자.

두 상황의 차이는 바로 범죄의 명칭을 정확히 아느냐, 모르느냐이지.

정확한 용어를 사용하면 말하고자 하는 바를 명확히 전달할 수 있고,

듣는 사람도 단번에 알아듣거든.

그러니까 평소에 용어나 단어를 정확히 알아 두는 습관을 들이도록 하자.

레벨 업 비법 — 나만의 정보 수첩 만들기

우리는 뉴스나 책, 인터넷 등 다양한 매체를 통해 여러 정보를 접해. 그런데 정보들의 정확한 용어와 뜻, 통계 수치 등은 조금만 시간이 지나도 잊게 돼.
정보 수첩을 만들어서 늘 적어 두는 습관을 들여 봐.
아주 유용하게 대화에 활용할 수 있지.
또 정리하는 과정에서 자연스럽게 이해돼서 따로 암기하지 않아도 돼.

09 이야깃거리를 찾아 두자

햄버거 가게에서

술술샘의 술술 상담소

저도 대호처럼 재미있게 말하고 싶어요. 대호는 하는 말마다 정말 흥미롭고 재미나지 뭐예요. 대호만의 특별한 비법이 있는 걸까요?

그렇지! 당연히 특별한 비법이 있어!

오호! 그 비법을 술술샘도 아세요? 알려 주세요! 어서요!

그 기술은 의외로 간단해. 정답은 호기심과 관심이거든. 대호가 재미있게 말하는 기술을 익히게 된 건 주변 사물에 호기심과 관심을 가진 덕분이야.

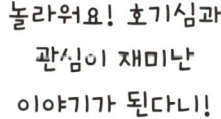

놀라워요! 호기심과 관심이 재미난 이야기가 된다니!

호기심과 관심으로 '지식 창고 꼭꼭 쌓기'를 한 거지. 누구나 할 수 있는 비법이니까 잘 들어 봐.

말하기 중수 탈출하기

술술샘의 술술 해법

재미있게 말하는 비법은 호기심과 관심이다!

난이도 ✦✦✧✧

아주 오랜 옛날부터 사람들은 이야기를 재미있게 들려주는 사람을 좋아했어.
모두 옹기종기 모여 이야기꾼이 들려주는 옛이야기에 깔깔 웃어대고는 했지.
그렇게 입에서 입으로 전해진 것이 바로 재미난 전래 동화야.
지금도 사람들은 말을 재미있게 하는 이를 좋아해.
그런 사람은 당연히 친구들 사이에서도 인기가 높지.
그런데 이야기를 재미있게 잘하는 능력은 그냥 얻어지는 게 아니야.
그런 사람들을 보면 한 가지 공통점이 있거든.
바로 호기심과 관심이 많다는 거야.
그래서 주변을 꼼꼼히 살피고 모든 일에 흥미를 느끼지.
그러다 보니 그 속에서 재미난 이야깃거리를 잘 찾아내는 거야.
호기심과 관심! 그게 바로 말하기 고수로 가는 특급 비법이야.

도깨비 엉덩이에 뿔이 났지 뭐야.

아이고, 배꼽 빠지게 웃기네!

레벨 2

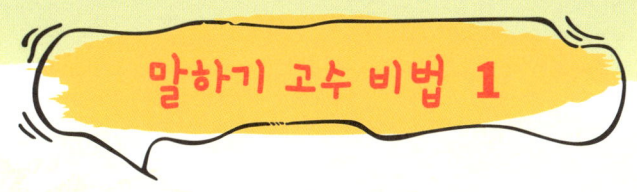

지식 창고를 꼭꼭 채우자

말이란 건 머릿속에 담긴 생각을 입으로 표현하는 거야.

우리 머릿속은 창고와 같아서 다양한 생각과 이야기가 차곡차곡 쌓여 있지.

그런데 머릿속 창고가 텅텅 비었다면 어떨까?

아무리 쥐어짜도 재미있는 말이 나올 수 없어.

말재주가 유달리 뛰어난 사람이라도 마찬가지야.

반면, 지식 창고가 차고 넘치면 가만히 있으려고 해도 술술 말이 나올 거야.

창고에서 넘쳐 난 정보와 지식이 재미난 이야기의 소재가 되는 거지.

● 나의 창고는 얼마나 찼을까?

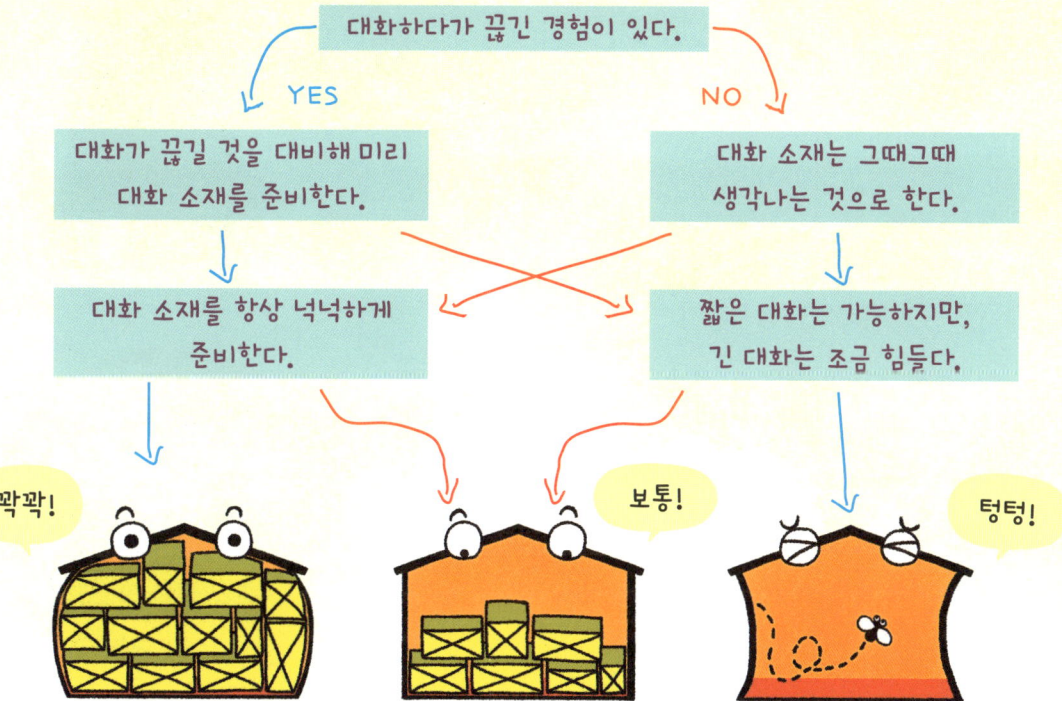

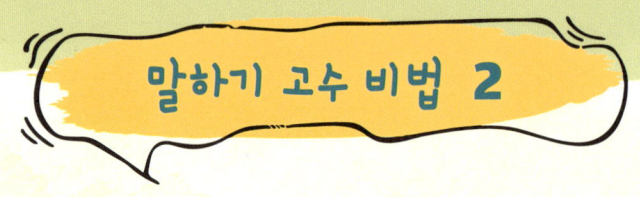

말하기 고수 비법 2

지식 쌓기의 다양한 방법을 익히자

지식 창고를 채우는 데는 다양한 방법이 있어.

1. 주변을 잘 살피고 친구들 말 잘 듣기

재미난 이야깃거리는 의외로 가까이에 있어. 옆집 개가 새끼를 5마리 낳은 것도 재미난 소재가 될 수 있고, 친구에게서 들은 아이돌 가수 이야기도 이야깃거리가 되거든.

2. 책이나 잡지 보기

책은 그야말로 최고의 지식 창고야. 오랜 옛날부터 쌓인 지식과 정보, 이야기들이 가득하거든. 말하기 고수 중에는 독서광이 아닌 사람이 없을 정도지.

3. 인터넷과 텔레비전 활용하기

인터넷은 정보의 바다라고 하지. 다양한 정보가 넘쳐 나기 때문이야. 알고 싶은 정보가 있다면 인터넷에서 검색하는 습관을 들여 봐. 뉴스 기사를 검색해서 최근 정보와 관심거리를 늘 살펴 두는 것도 좋아.

레벨업 비법

생생한 묘사 표현법

아무리 많은 정보와 재미난 이야기를 알아냈다고 해도
재미없게 말하면 모두 꽝!
재미있게 말하기는 생생한 묘사가 핵심이야.
같은 말이라도 시각, 청각, 촉각, 미각, 후각 등
감각을 자극하는 게 특급 기술이지.
직접 눈으로 보는 듯, 귓가에 들리는 듯, 피부로 느끼는 듯,
맛을 보는 듯 생생하게 말하는 연습을 하자.

● 생생하게 묘사하기의 예

"바람이 불어서 추웠어."
↓
"쌩쌩 부는 바람에 몸이 덜덜 떨렸어."

"김치찌개를 먹었어."
↓
"시큼한 김치찌개를 먹으니 혀가 찌릿찌릿했지."

10 속담과 명언을 활용하자

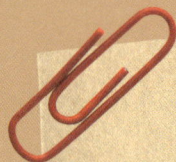
청소 시간

술술샘의 술술 상담소

세린이 능력은 정말 놀라워요. 어떻게 저런 멋진 표현을 저 순간 생각해 냈을까요?

속담을 적시적기에 맞춰서 아주 잘 사용하고 있네.

아하! 속담이 세린이의 화술왕 비법이구나.

속담이나 고사성어는 우리말을 더 풍요롭게 만들지. 은유나 비유를 써서 상황을 이해하기 쉽게 해 주거든. 표현도 생생해서 재미있고 말이야. 명언도 마찬가지야. 누구나 아는 유명한 말은 상황을 표현하는 데 큰 도움을 주지.

그럼 속담과 명언을 익히는 것도 말하기 비법이 되겠네요?

물론이지. 제대로 잘 공부해 두면 네 말솜씨 레벨이 껑충 올라갈 거야.

말하기 중수 탈출하기

술술샘의 술술 해법

잘 익힌 속담과 명언이 말하기 고수를 만든다!

난이도 ★★☆☆

말을 재미있게 하려면 다양한 표현 방법을 익혀야 해.
같은 말이라도 표현이 재미있으면 상대방에게 더 생생하게 전달되지.
속담이나 명언은 그런 의미에서 최고의 수단이야.
게다가 속담과 명언을 알아 두면 대화를 나누는 기술도 좋아져.
대화는 말하는 것만큼 듣는 것도 중요하잖아.
상대가 말하는 속담이나 명언을 잘 알아들을 수 있지.
그런데 시도 때도 없이 속담을 쓰는 건 곤란해.
식상하게 들리고, 고리타분한 사람으로 보일 수 있어.
또 속뜻을 정확히 알고 써야 해.
잘못 사용하면 오히려 엉뚱이가 될 수 있어.

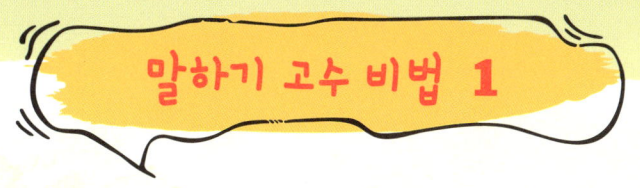

적절한 타이밍을 맞춰라!

속담이나 명언은 적당한 시기에 정확히 사용해야 해.

그래야 상대방이 말뜻을 이해하기 쉽고, 대화에 집중하기도 수월해지지.

더욱 유쾌한 대화가 이루어지고 말이야.

속담과 명언은 언제 쓰면 좋을까?

길게 설명해야 할 상황이나 나의 주장을 명확하게 전달하고 싶을 때 사용해 봐.

짧은 표현 속에 큰 교훈이 담겨 있어서 재미있고 지혜로운 사람으로 보이게 될 거야.

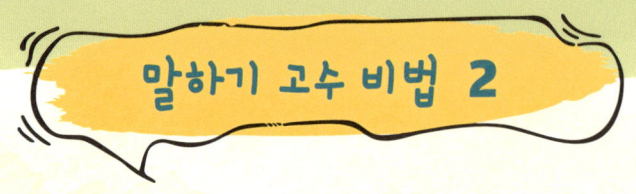

꼭 알아 두어야 할 속담!

속담은 일상에서 대화할 때나 텔레비전 프로그램에서도 자주 쓰여. 그래서 말뜻을 잘 이해하지 못하면 말의 의미를 알 수 없는 경우가 많지. 자주 쓰는 속담은 꼭 기억해 두는 것이 좋아.

◉ **생활 속에서 자주 쓰는 속담**

옥에 티
→ 아무리 좋아도 한 가지 결점은 있다는 뜻.

믿는 도끼에 발등 찍힌다
→ 믿고 있던 일이 뜻밖의 재난을 당하거나, 믿는 사람에게서 배반을 당한다는 뜻.

도둑이 제 발 저리다
→ 지은 죄가 있으면 자연히 마음이 조마조마해진다는 뜻.

소문난 잔치에 먹을 것 없다
→ 소문난 것이 실제로는 보잘것없다는 뜻.

귀에 걸면 귀걸이, 코에 걸면 코걸이
→ 한 가지 일이 이런 것도 같고, 저런 것도 같아, 어느 한쪽으로 결정을 내기 힘들다는 뜻.

가랑비에 옷 젖는 줄 모른다
→ 조금씩 없어지는 줄 모르게, 건강이나 재산이 점점 쇠하거나 줄어들어 가는 것을 말함.

참새가 방앗간을 그냥 지나치랴
→ 자기가 좋아하는 것을 그냥 지나치지 못한다는 뜻.

고래 싸움에 새우 등 터진다
→ 강자끼리 싸우는 사이에서 힘없는 약자가 공연히 해를 입게 된다는 뜻.

귀신 씻나락 까먹는 소리
→ 도무지 알아들을 수 없는 말로 중얼거리는 소리를 이르는 말.

레벨 업 비법

하루에 한 가지 속담과 명언 외우기

속담과 명언은 입에 착 붙도록 외우는 게 중요해.
그래야 딱 적당한 때 써먹을 수 있거든.
시간을 정해서 하루에 한 가지 이상 속담이나 명언을 외워 봐.

말하기와 관련된 더 많은 이야기가 궁금하다면 150~151쪽을 참고해!

말하기 중수 탈출하기

11 말하기 멘토를 만들자

술술샘의 술술 상담소

말하기 연습을 열심히 하지만, 아직 부족한 점이 많아요. 말하기 고수가 되는 길이 멀게만 느껴져요. 내가 해낼 수 있을까요?

자, 이제 고수까지 얼마 남지 않았어. 이쯤에서 지치기도 하고 불안하기도 할 거야.

맞아요. 저도 좀 지친 느낌이에요. 고수까지 갈 수 있을까 불안해요.

이때 필요한 게 바로 멘토이지. 네가 오락 프로그램을 진행하는 사회자처럼 되고 싶다는 목표를 정한 건 아주 현명한 방법이야. 지칠 때마다 멘토가 너를 도와줄 거야.

예? 그 사회자가 나를 도와준다고요? 전 만날 수도 없는 사람인걸요?

꼭 만나야만 도움이나 조언을 받는 건 아니야. 그의 생각이 담긴 책을 읽거나 방송에서 하는 말을 듣는 것만으로도 충분해.

말하기 중수 탈출하기

술술샘의 술술 해법

멘토는 네 앞길을 밝혀 주는 등불이다!

난이도 ✤✤✩✩

한 분야에서 경험이 풍부한 사람의 지도와 조언은 나의 실력과 잠재력을 개발하는 데 큰 도움을 주지.
자료나 책을 통해 만나는 멘토라도 그 힘은 대단해.
그러니까 위인이나 유명한 인물, 또는 주변 사람 중에서 말하기의 고수를 잘 찾아봐.
그리고 내가 본받고 싶은 인물을 멘토로 정하는 거지.
고수 중에 누구를 멘토로 정해야 할지 모르겠다고?
그때는 인물 분석이 필요해.
고수마다 특별히 잘하는 분야가 있고, 자기만의 말하기 비법이 있거든.
내가 가장 필요한 능력을 지닌 인물을 찾는 거지.
그러면 그 멘토가 자연스럽게 네 등불이 되어 줄 거야.

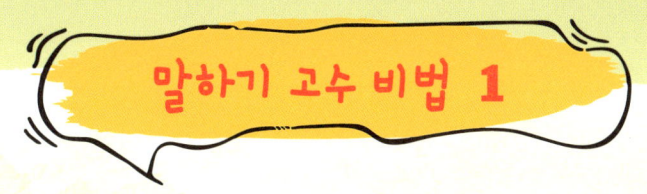

분야별 고수를 알아 두자

말하기에도 각각의 분야가 있어.

공감 가게 말하는 고수가 있고, 재미있게 말하는 재능을 가진 고수도 있지.

발표나 토론에 강한 고수도 있고 말이야.

그러니까 자신이 어떤 부분에서 말하기 실력이 부족한지 생각해 보고

그 능력이 뛰어난 인물을 멘토로 정하면 돼.

과연 분야별 고수에는 누가 있을까?

1. 긍정적인 말하기의 고수

> 오프라 윈프리
>
> "실패는 우리가 어떻게 실패에 대처하느냐에 따라 정의됩니다."

2. 재미있게 말하기의 고수

> 에이브러햄 링컨
>
> "제가 정말 두 얼굴을 가졌다면 왜 이 중요한 자리에 못생긴 얼굴을 가지고 나왔겠습니까?"

3. 열정적인 말하기의 고수

> 버락 오바마
>
> "우리가 불가능한 도전에 직면했을 때 누군가 우리에게 제발 도전을 그만하라거나 우리는 할 수 없다고 말해 왔어요. 하지만 우리는 할 수 있어요!"

4. 감동적인 말하기의 고수

> 마틴 루터 킹
>
> "나에게는 꿈이 있습니다. 흑인 소년, 소녀들이 백인 소년, 소녀들과 손을 잡고 형제자매처럼 함께 걸어가는 꿈입니다."

레벨업 비법

내가 아는 말하기의 고수

아나운서, 진행자, 코미디언, 선생님, 친구 등등 주변이나 미디어를 통해 만난 인물 중에서 평소 본받고 싶었던 말하기 고수를 생각해 보고, 그 고수의 능력과 비법을 적어 보자.

말하기 고수의 이름: _____

말하기 고수의 능력과 비법: _____

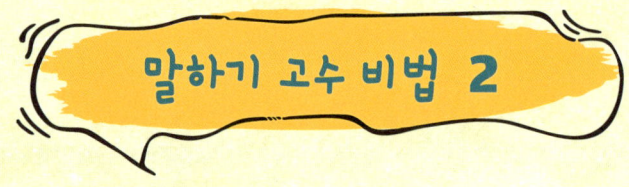

재능의 한계를 넘어선 모범 멘토를 만나 보자

말하기는 타고나는 능력이라기보다 연습과 노력으로 길러지는 능력이란 걸 보여 주는 고수가 있어.

아테네 최고 웅변가였던 데모스테네스야.

그는 BC 384년경에 태어났는데 당시에는 말과 연설을 잘하는 사람들이 인정을 받았어.

하지만 데모스테네스는 말을 잘하기는커녕 말더듬이였지.

그런데도 혹독한 연습을 통해 최고 웅변가로 변신했어.

● 데모스테네스의 연습 방법

1. 조약돌을 입에 물고 정확한 발음을 연습 → 말 더듬는 습관 고침.
2. 가파른 언덕을 달리며 연설하는 연습 → 목소리를 키우고 성량을 늘림.
3. 어깨 위에 칼을 매달고 연설하는 연습 → 말할 때 왼쪽 어깨가 올라가는 습관을 고침.

레벨업 비법

멘토들의 공통 비법, 독서!

앞에 나온 말하기 고수들은 모두 독서광이었어. 다양한 정보를 얻는 독서가 말하기 고수의 특급 비법인 셈이지. 이번 주말에 도서관에 가는 건 어떨까? 도서관에는 도서들이 주제별로 상세하게 분류되어 있어. 좋아하는 분야의 책부터 읽는다면 독서가 즐거워질 거야!

레벨 3

학교에서
말하기
고수되기

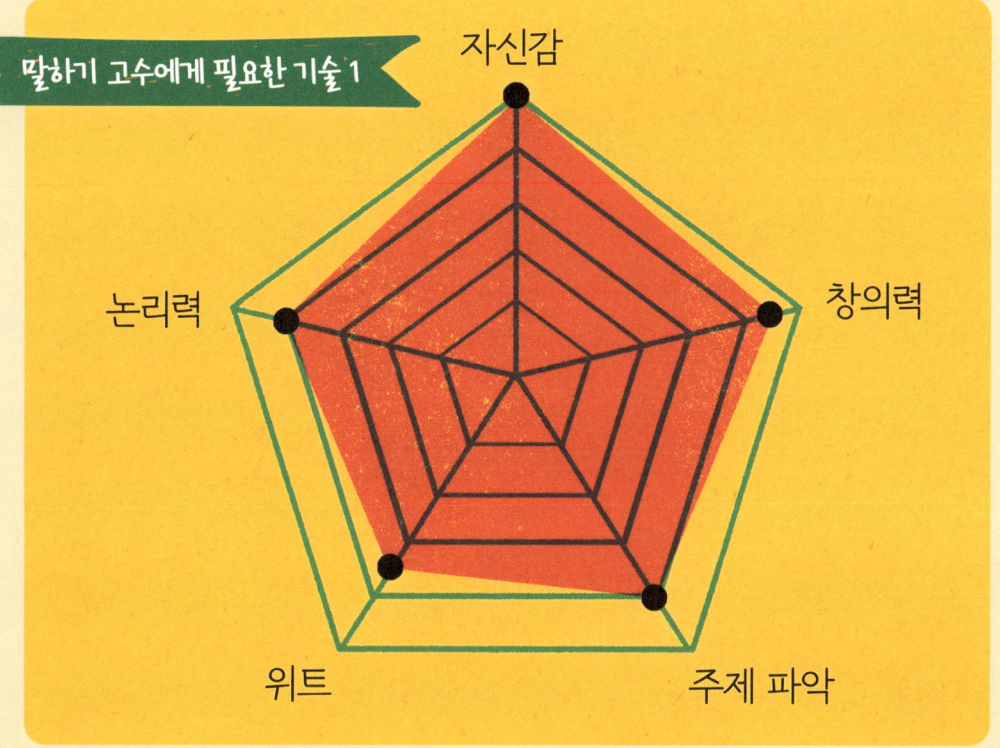

학교에서 말하기 고수되기

12 자기소개하기

만화 동아리

만화 동아리 회원이 된 걸 축하해. 각자 자기소개부터 해 보자.

좋아, 좋아!

내 별명은 고슴도치야. 머리가 이렇게 빳빳하게 섰다고 다들 그렇게 불러. 하지만 난 마음만은 부드럽고 착한 박준수라고.

너 정말 재밌다.

우아! 환영해!

난 새미야. 샘처럼 깊은 마음을 가지라고 부모님이 그렇게 지었대. 이름처럼 되려고 책도 많이 읽고, 생각도 많이 하는 편이야. 앞으로 우리 잘 지내보자.

반가워!

다들 개성이 넘치네. 난 특별히 소개할 말이 없는데 어쩌지?

레벨 3

술술샘의 술술 상담소

학기 초는 이곳저곳에서 자기소개하는 시간이 많아요. 그때마다 곤란해 죽겠어요. 어떻게 해야 다른 친구들처럼 재미있는 자기소개를 할 수 있을까요?

앞선 친구들의 소개말은 정말 재미있고, 참신했어. 이름이나 별명으로 자기만의 특징과 개성을 잘 드러냈지.

그러니까요. 근데 전 재미있는 이름도 아니고 특별한 별명도 없거든요. 어떡하죠?

중요한 건 특별한 이름이나 별명이 아니야. 두 아이를 보면 공통점이 있는데, 바로 솔직하다는 거야. 자기를 포장하거나 잘난 척하지 않고 솔직하게 자신을 드러내면서 말했잖아.

억지로 꾸미지 말고 솔직하게요?

그렇지. 솔직함이 개성으로 재미있게 드러난 거야. 그러니까 너도 솔직하게 자신을 표현해 봐. 자연스럽게 너의 개성이 살아날 거야.

술술샘의 술술 비법

자기소개는 나만의 개성을 이야기하는 시간이다!

난이도 ✦✦✦✧

자기를 소개한다는 건 하얀 도화지에 나를 그리는 것과 비슷해.
나는 이런 사람이라고 상대방에게 알려 주는 거니까 말이야.
그런데 도화지에 그냥 눈, 코, 입을 그리면 어떨까?
좀 재미없고 평범할 거야.
그런 그림으로는 상대방에게 깊은 인상을 줄 수 없어.
하지만 그림에 나의 특징과 개성을 표현하면 결과는 다를 거야.
활짝 웃을 때 드러나는 보조개를 그린다든가
남들보다 많은 주근깨를 익살스럽게 강조한 그림이라면 모두가 관심을 가지겠지?
이처럼 자기소개를 할 때는 나의 장점이나 단점을
솔직하게 표현해 봐. 친구들에게 진솔하고
개성 있는 인상을 줄 수 있어.

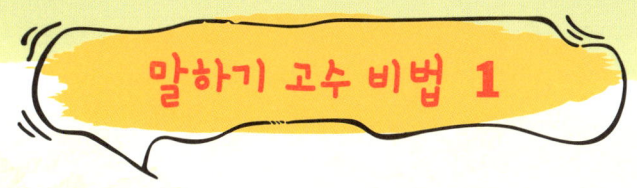

말하기 고수 비법 1

남들과 다른 개성 사항을 찾아보자

자기소개라면 그 내용이 대체로 비슷해.

그래서 내용이 너나없이 비슷하게 들리지.

말하기 고수라면 특별한 게 필요해.

상대방의 관심을 확 끌 수 있는 개성 사항 말이야.

일단 소개하기 전에 고민해 봐. '내가 남들과 다른 점이 뭘까?' 하고 말이지.

'아하! 난 특별히 손이 길고 예뻐. 그래서인지 손재주가 좋아.'

'난 소심하고 몸도 약해서 운동을 잘하지 못해. 대신 컴퓨터로 하는 건 뭐든 잘해.'

'난 먹보라서 맛있는 음식점을 잘 알아.'

어떤 것이라도 좋아. 나만의 개성을 한두 개쯤 알아 두면 자기소개가 훨씬 쉬워질 거야.

레벨 업 비법

나의 개성 파악하기!

내가 남들과 다른 점을 찾아서 적어 보자.

_____

_____

_____

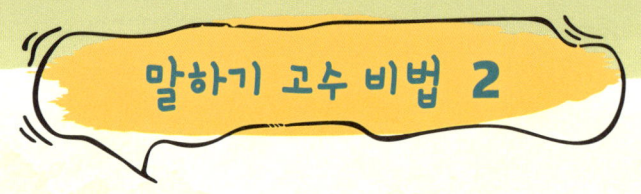

말하기 고수 비법 2

솔직하게 그리고 위트 있게!

자기소개는 말 한마디로 멋진 첫인상을 남길 중요한 기회야.
그래서 과장하거나 허풍을 떠는 경우가 있지.
잊지 마. 자기소개는 자랑하는 시간이 아니야.
사실을 바탕으로 솔직하게 표현하면 나를 소개하기도 좋고,
또 듣기에도 편하지.
이때 중요한 건 위트야.
같은 말이라도 재미있게 표현해야 더 기억에 남는
법이거든. 나만의 개성을 솔직하게 표현하되,
딱딱하지 않게 재미있게 말하자.

주근깨가 많은 내 얼굴
만화 캐릭터 삐삐처럼
귀엽지 않나요?

레벨 업 비법

미소 천사가 되자!

방긋 웃으며 "안녕." 하고 자기소개를 시작하면 호감도가 80%로 상승할 거야!

또박또박 말하자!

모기만 한 목소리로 말한다면 아무도 널 기억하지 못할 거야. 큰 목소리로 또박또박 자신 있게 말해야 기억에 남아.

● **자기소개서를 읽고 직접 써 보기**

다음 글을 읽고 나만의 소개서를 완성해 봐.

그리고 살짝 미소를 머금고서 큰 소리로 글을 읽어 봐.

그 뒤에 실전 도전! 잘할 수 있을 거야.

지호의 자기소개

안녕, 만나서 반가워.

내 이름은 김지호야.

나를 처음 본 친구들은 가장 먼저 내 키에 관해 묻더라.

그래. 내 키는 다른 친구들보다 아주 작아.

그렇다고 오해하지 마.

비록 키는 작지만, 마음은 아주 넓고 크거든.

운동도 뭐든 잘하고, 급식 시간에는 밥도 제일 일찍 먹어 치워.

그러니까 작다고 깔보거나 놀리면 아주 곤란해.

앞으로 좋은 친구가 되어 보자.

고민 솔루션 이럴 때는 이렇게!

친구들이 내게 관심도 없고 딴전을 피워요.

자기소개할 때 친구들에게 관심을 받지 못하면 아주 당혹스러울 거야.

하지만 모두가 네게 관심이 없다고 생각할 필요는 없어.

분명 네 이야기를 듣기 위해 눈을 반짝이는 친구가 있을 테니까 말이야.

한두 명의 친구만이라도 널 보고 있다면 그걸로 충분하지 않을까?

좋은 친구는 한두 명만 있어도 행복하거든.

그래도 많은 친구에게 관심받기를 원한다면 조금 기술이 필요하지.

지금보다 좀 더 재미나고 독특한 자기소개서가 필요해.

그럴 때는 하던 말을 멈추고서 이렇게 소리쳐 보면 어떨까?

"애들아, 지루하지? 난 노래하는 거 참 좋아하는데, 내가 노래 한 곡 부를게."

춤을 잘 춘다면 재미난 춤을 추거나, 간단한 마술을 익혀서 선보여도 좋아.

그럼 단번에 친구들의 관심을 받게 될 거야.

13 발표하기

교탁 앞에 서기 전부터 가슴이 쿵쿵 뛰면서 눈앞이 하얘지는 거 있죠. 교탁에 서니까 발표 내용을 다 잊고 말았어요.

발표 공포증이 있구나.

발표 공포증이요?

많은 사람 앞에서 발표하거나 주목을 받을 때 심리적, 신체적으로 불안해하는 증상이야. 심하다면 의사 선생님과 상담해 봐야 해. 하지만 너 정도의 증상은 보통 아이들도 많이 겪지.

공포증을 극복하고서 멋지게 발표하고 싶어요. 이번에도 방법이 있지요?

당연히 있지! 그 정도는 얼마든지 극복할 수 있어. 발표 공포증의 해법은 바로 연습이거든. 명심해! 보통 정도의 연습량으로는 어림없다는 사실!

술술샘의 술술 비법

발표의 승패는 연습량에 달렸다!

난이도 ✦✦✦✧

최고의 무사들에게 최고가 된 비법을 물어보면 답은 똑같아.
반복 연습! 연습을 이길 무기는 없지.
2010년 밴쿠버 동계 올림픽에서 금메달을 딴 김연아 피겨 선수는
연습에서 성공하지 못한 동작이 있으면 집에 안 들어간다는
생각으로 이를 악물고 연습했다고 해.
아무리 뛰어난 재능을 가진 사람이라도 연습을 적게 하면
실전에서 두렵기 마련이거든.
발표도 마찬가지야.
연습량이 적으면 불안하고, 많으면 많을수록 자신감이 생기지.
거듭된 연습으로 발표 내용을 모두 습득하면,
빨리 발표하고 싶을 거야.

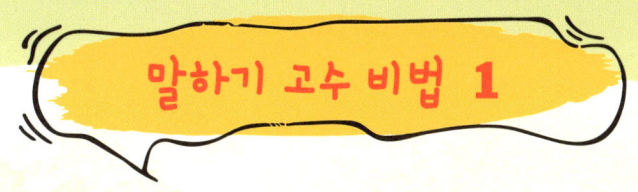

말하기 고수 비법 1

연습에도 기술이 필요해

무턱대고 발표 내용을 외운다고 해서 자신감이 생기는 건 아니야.

연습에도 효과를 극대화하는 비법이 있지.

1. 완벽하게 외우기

대충대충 외우는 건 곤란해.

발표할 내용을 이해하고 완벽하게 외우도록 해.

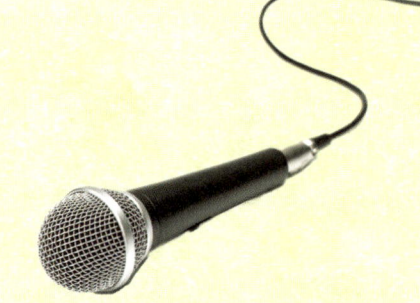

2. 대화하듯 연습하기

발표할 때는 대화하듯 자연스럽게 말하는 게 중요해.

연습할 때도 누군가와 대화하듯 자연스럽게 말하도록 해.

3. 사람 앞에 자주 설 기회를 가지기

사람 앞에 서는 데 익숙해지는 것도 발표의 비법 중 하나야.

가족들 앞에서 발표하는 연습을 해 봐. 두려움이 훨씬 줄어들 거야.

4. 몸짓과 자세 연습하기

대나무처럼 딱딱하게 하는 발표는 보는 사람도 하는 사람도 긴장돼.

자연스러운 몸짓과 자세를 연습하자.

말하기 고수의 발표 자세

듣는 이들을 향해 부드러운 눈길을 보내기.

과장되지 않은 동작이나 손짓을 곁들여서 청중의 시선을 사로잡기.

가슴을 쫙 펴고 얼굴을 바로 들고서 당당한 자세를 취하기.

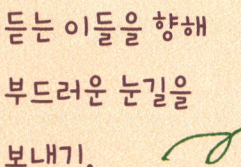 **주문 걸기**

발표 전부터 무조건 좋은 결과를 상상해 봐.
그리고 주문을 거는 거야.
'난 할 수 있어. 잘 될 거야!'

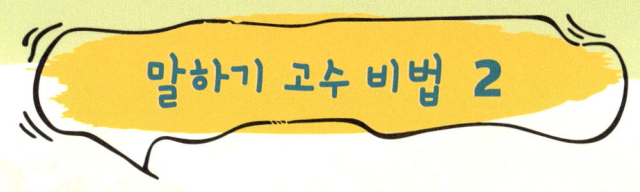

3단계로 말하자!

1. 서론, 본론 그리고 결론

발표할 때 서론, 본론, 결론의 순서로 차례대로 말해 봐.

주장에 근거가 생겨서 훨씬 논리적으로 보일 거야.

또한, 발표 내용을 외우기도 좋고 청중도 이해하기 쉽지.

> 서론 → 자기의 생각이 담긴 주장이 들어가는 부분.
> 본론 → 주장을 뒷받침할 근거를 제시하는 부분.
> 결론 → 주장을 다시 한번 강조하여 마무리하는 부분.

2. 시작하는 말과 마지막 말이 승패를 가른다!

발표의 특급 비법은 서론과 결론을 공략하는 거야.

처음 등장할 때 강렬한 인상을 주면 이야기에 집중하게 돼.

또 마지막 말을 강하게 하면 기억에 오래 남아.

중간에 실수하고 지루했더라도 시작과 끝을 잘했다면 성공했다고 볼 수 있지.

첫말은 큰 목소리로 당당하게 말하기! 유머를 곁들여도 좋아.

마무리는 주제를 다시 한번 힘주어 말하기!

◉ 발표의 기술 정리

1. 주제를 향해 서론, 본론, 결론의 순서로 알기 쉽게 이야기하라.
2. 발표의 시작을 강렬하고 인상적인 말로 하라.
3. 마무리에 주제를 다시 한번 강조하라.
4. 유머와 위트를 곁들이며 재미나게 이야기하라.
5. 다양한 동작을 과장되지 않게 사용해서 시선을 집중시켜라.

 고민 솔루션 이럴 때는 이렇게!

숨이 턱 막히며 아무 생각도 나지 않아요.

발표를 잘하다가도 긴장감 때문에 문득 다음 말이 생각나지 않을 수 있어.

그러면 숨이 턱 막히며 눈앞이 하얘지지.

그럴 때는 후 하고 심호흡을 크게 해 봐.

쿵쿵 뛰던 심장이 조금 가라앉을 거야.

그다음에 일부러라도 미소를 지어 봐.

미소는 전염이 강해서 너를 보던 사람들도 따라 미소를 짓게 될 거야.

그럼 마음이 편안해지지. 그때 다시 시작하면 돼.

생각지 못한 질문을 받았어요.

발표 후에는 질문을 받게 되는데, 생각지도 못한 어려운 질문을 받을 때가 있지.
준비하지 못한 질문을 받으면 당황하게 돼.
그때는 같은 조 친구들에게 도움을 청해 봐.
"조원 중에서 이 질문에 대답해 줄 수 있는 친구 없나요?"
그런데 만약 조원 중에도 대답할 사람이 없다면 그때는 솔직하게 말하는 게 좋아.
"그 질문에 답을 미처 준비하지 못했어요. 다시 알아보고 나서 대답해 드리도록 하겠습니다." 하고 말이야.
솔직하고 자신감 있는 태도가 더 중요해.

14 연설하기

전 우리 동아리의 문제점을 고쳐서 동아리를 좋게 바꾸고 싶은 거뿐이에요. 근데 제가 고집불통으로 보였다니!

네 의도는 잘 알겠어. 근데 듣는 친구들의 생각은 고려하지 않고 네 생각과 주장만 연설했잖아. 그래서 고집불통처럼 보였던 게 아닐까?

그런가요? 하지만 연설이란 어차피 제 생각을 말하는 거잖아요.

여러 사람에게 내 의견을 말해서 그들을 내 편으로 설득하는 게 연설이야. 청중의 마음을 열 수 있는 내용과 자세로 연설해야 하지.

청중의 마음을 여는 내용과 자세? 그게 뭔데요?

연설 고수들의 첫 번째 비법은 바로 겸손이야. 두 번째 비법은 누구나 알아들을 수 있는 쉬운 말이지!

술술샘의 술술 비법

연설의 고수 비법은
겸손하고 쉬운 말이다!

난이도 ✦✦✦✧

연설자들이 가장 많이 하는 실수가 뭔지 알아?
'이번 연설에서 내가 얼마나 똑똑한지 알려 줘야지!' 하는 마음을 먹는 거야.
그래서 전문적이고 어려운 말만 늘어놓지.
청중들이 자신의 똑똑함에 감탄할 거라고 착각해.
하지만 그런 연설은 졸음과 지루함만 가져오지.
연설자는 기본자세로 겸손함을 지녀야 해.
내가 남보다 뛰어나서 청중 앞에 선 게 아니란 사실을 깨달아야 하지.
연설할 때 사용하는 말은 쉬울수록 좋아.
그래야 청중이 바로바로 이해하며 공감할 수 있거든.
마치 청중과 대화를 나누듯이 겸손한 자세로 쉽게 하는 연설!
그게 바로 청중의 마음을 여는 최고의 비법이야.

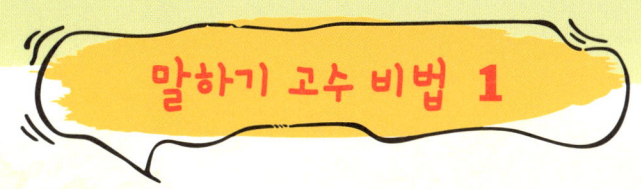

졸음을 부르는 어려운 말은 버려라!

말을 잘하는 사람들은 공통점이 하나 있어.

어려운 이야기를 아주 쉽게 풀어서 말하는 능력을 갖추었지.

애매한 표현은 삼가고, 쉬운 표현을 쓰는 거야.

특히 연설을 시작할 때는 가벼운 인사나 정겨운 이야기로 시작하면 좋아.

◉ 연설 시작의 좋은 사례

<미국 오바마 대통령의 대통령 후보 연설 중에서>

"먼저 이 무서운 한파에도 일리노이에서 여기 스프링스턴까지 와 주셔서 감사드립니다. 여기까지 오신 이유는 단지 저를 보기 위해서가 아니란 것을 잘 압니다. 바로 미국의 가능성을 믿기에 오셨다는 걸요."

레벨 업 비법

3분 말하기 연습

대중가요들은 한 곡이 보통 3분이야. 이 정도의 노래를 듣다 보니 보통 사람들은 평균 3분 정도는 집중을 잘하는 편이라고 해. 연설도 3분에 맞추는 연습을 해 봐. 그럼 모두가 쉽게 집중하는 연설문을 만들 수 있어.

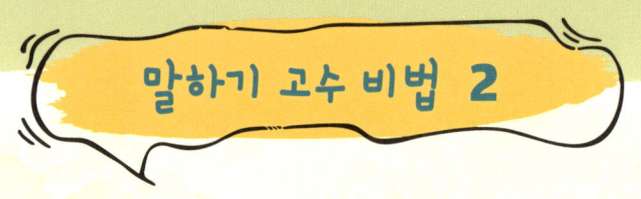

나보다 우리의 관점에서 말하자!

연설은 연설자와 청중의 교감이 중요해.

공감을 얻는 첫 번째 방법은 청중과 눈을 맞추는 거야.

청중은 다정한 눈길로 자기를 보며 말하는 연설자를 친근하게 느끼지.

두 번째 방법은 연설 내용을 나보다 우리의 입장에서 말하는 거야.

내가 불편하게 느끼는 문제보다 모두가 해결하길 원하는 문제를 이야기하는 거지.

그러니까 연설문을 쓰기 전에 미리 친구들의 의견을 조사하고 연구하도록 해.

고민 솔루션 이럴 때는 이렇게!

연설할 때 청중이 지루해하면 어떻게 해요?

연설 시간이 길어지는 경우에는 그런 일이 종종 생겨.

그럴 때는 오히려 청중에게 질문을 던지는 것도 좋은 방법이야.

"여러분도 제 생각에 동의하시나요?"

"여러분, 제 의견이 틀렸습니까?"

"더 좋은 의견이 있으십니까?"

질문으로 지루한 분위기를 환기하는 거지.

그럼 졸던 청중도 화들짝 놀라 잠에서 깨어날 거야.

모두 눈을 동그랗게 뜨고 연설을 듣게 될 거야.

청중이 연설 내용을 잘 기억하지 못하면 어쩌죠?

그런 일을 막으려면 연설할 때 몇 가지 특별 기술을 써야 하지.

먼저 재미있는 일화를 예로 들어 봐. 청중이 기억하기 쉬워질 거야.

두 번째로 중요한 내용은 연설 중에 반복해서 강조해.

그럼 다른 내용은 다 잊더라도 그 말만은 기억하게 될 거야.

15 토론하기

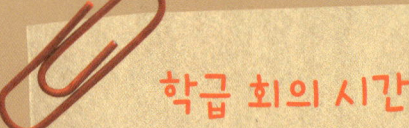
학급 회의 시간

술술샘의
술술 상담소

속상해요. 친구들이 모두 세린이 편만 들잖아요. 제 의견은 왜 무시하죠?

무시하는 게 아니란다. 단지 세린이 의견을 더 좋다고 생각하는 거야. 세린이가 자기주장에 대한 근거를 아주 설득력 있게 말한 거지.

주장에 대한 근거요?

토론은 자기주장을 논리적으로 펼치는 말하기야. 내 의견을 잘 주장하려면 친구들을 설득할 수 있는 타당한 근거를 대야 해.

일주일에 한 번만 물을 주면 담당자를 정하기 쉽고, 날짜를 잊지도 않는다. 물 주는 날짜가 화초마다 다르면 헷갈리기 쉬워서 오히려 화초를 죽일 수 있다. 이런 합리적인 이유를 말해야 하는군요.

그렇지. 토론은 타당한 근거의 싸움이거든. 자, 그럼 이번에는 토론 고수들의 비법을 알아볼까?

술술샘의 술술 비법

토론은 타당한 근거의 싸움이다!

난이도 ✦✦✦✧

토론에서는 서로 다른 주장이 부딪힐 때가 많아.
그럴 때는 자기주장을 뒷받침할 근거를 대는 게 중요하지.
타당하고 합리적인 근거는 반대 의견을 가진 사람들조차
내 편으로 만드는 힘이 있거든.
그러려면 토론 준비를 아주 철저히 해야 해.
상대의 주장을 반박할 근거도 찾아야 하고,
내 주장이 타당하다는 걸 증명할 근거도 밝혀야 하니까 말이야.
그래서 평소 다양한 주제에 대해 생각하는 습관을 지녀야 해.
이런저런 주제를 생각해 보고 내 의견을 정리하는 게 좋지.
또 텔레비전의 토론 프로그램을 자주 보는 것도 큰 도움이 돼.

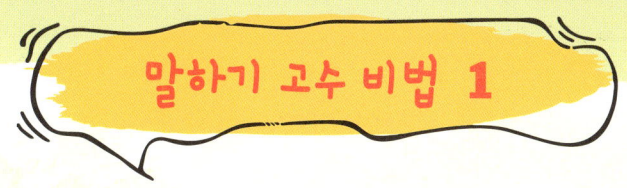
말하기 고수 비법 1

상대방의 약점을 찾자

토론할 때는 먼저 상대방의 의견에 귀를 기울여 봐.

상대의 주장을 완전히 이해해야 제대로 반박할 수 있거든.

이때 상대의 주장에 논리적인 허점이 없는지 잘 살펴봐.

허점을 노려서 반박하면 네 주장을 활짝 펼 수 있어.

적을 알고 나를 알면 백전백승이라지?

상대의 장점과 허점을 제대로 파악하면

토론도 무조건 백전백승이야.

적을 알고 나를 알면 백전백승이니라!

레벨 업 비법
에티켓을 지키자

1단계 ⋯⋯ 상대의 말을 중간에 끊지 말자.

2단계 ⋯⋯ 발언권을 얻어서 이야기하자.

3단계 ⋯⋯ 감정적인 말이나 거친 말을 하지 말자.

4단계 ⋯⋯ 진행자라면 공정하게 진행하자.

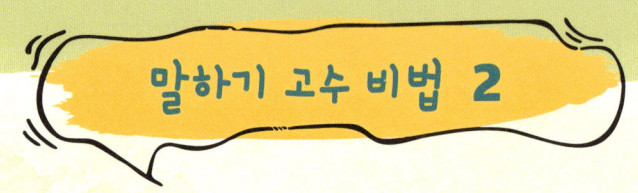

말하기 고수 비법 2

극적인 반전 기술을 활용하라

토론할 때 주의해야 할 것이 있어.

먼저 자기주장만을 박박 우기는 말하기는 피해야 해.

또 반대되는 주장을 할 때는 말을 더 조심할 필요가 있어.

그때 필요한 것이 바로 '극적 반전 기술'이지.

일단 상대방이 의견을 말하고 나면 이렇게 말을 시작하는 거야.

"그 의견도 맞습니다. 그런 면도 분명 있지요."

그런 다음 할 말을 하는 거지.

"그러나 그 의견은 이런 문제가 있네요. 그 문제란……."

어때? 분위기가 환기되고 매너 있는 사람처럼 보이지 않아?

반박 의견이라도 이렇게 말한다면 상대는 네 의견에

귀를 기울이게 될 거야.

반박은 매너 있게!

● **토론의 기술 정리**

1. 토론의 80%는 경청! 상대의 주장을 잘 들으며 토론하자.
2. 내 주장에 맞는 확실한 근거를 찾아라.
3. 주장과 근거는 논리적이고 쉽게 말하라.
4. 반박 의견을 말할 때는 매너 있고 부드럽게 표현하자.

고민 솔루션 이럴 때는 이렇게!

토론하면서 감정이 상하고 화가 치밀면 어떡하죠?

상대방의 예의 없는 태도나 말도 안 되는 주장에 화가 날 수 있지.

친구들과 이야기하다가도 감정이 격해지기도 하잖아.

하지만 토론에서 흥분은 절대 금물이야.

아무리 옳은 주장이라도 흥분해서 말하면 신뢰감이 떨어지거든.

토론은 차분하게 말하는 게 중요해.

화가 날 때는 크게 심호흡하고 감정을 다스린 뒤에 말해 봐.

오락가락, 내 생각이 자꾸 흔들릴 때는 어떡하죠?

이런 경험 누구나 있을 거야.

상대방의 주장에 설득을 당한 거지. 그렇다고 해도 그게 잘못은 아니야.

토론이란 어차피 더 합리적이고 좋은 결론을 내는 과정이니까 말이야.

상대 의견이 더 옳다고 생각되면 깨끗하게 패배를 인정해.

그리고 솔직하게 상대에게 박수를 보내면 돼.

나와 다른 주장을 받아들일 줄 알아야 진짜 토론 고수가 될 수 있어.

16 친구와 대화하기

술술샘의 술술 상담소

사과하거나 화해하는데도 말하기 기술이 있지 않나요? 좋은 방법을 알려 주세요.

물론 경우에 맞는 기술들이 있지. 친구 사이에 예측할 수 없는 많은 일이 벌어지니까.

어서 좀 알려주세요.

그런데 다담아, 친구와 이야기하는 건 토론이나 발표, 연설과는 달라. 그런 말하기는 특별한 기술을 쓸 때 더 큰 효과를 낼 수 있지. 하지만 친구 사이는 기술보다 중요한 게 있단다.

그게 뭔데요!

바로 진심이야. 기술은 진심이 잘 전해지지 않을 때 도움을 받는 거란다. 중요한 건 네 마음을 솔직하게 전하는 거야.

학교에서 말하기 고수되기

> 술술샘의 술술 비법

친구와의 대화는 진심이 최고의 해법이다!

난이도 ★★★☆

'가는 말이 고와야 오는 말이 곱다.' 라는 속담 들어 봤니?
진실한 마음의 소중함을 강조한 말이지.
진실한 마음으로 다른 사람을 대하면, 상대도 진실한 마음으로 나를 대해 주거든. 친구 사이는 특히 진실한 마음이 중요해.
친구와 이야기를 나눌 때는 마음을 활짝 열어 봐.
우정은 믿음과 의리가 있어야 생기는 법이거든.
친구에게 사과할 때나 충고할 때도 마찬가지야.
솔직하게 자기 마음을 전하면 돼.
때로는 말이 필요 없을 때도 있어.
그냥 얼굴을 보고서 씩 웃는 것만으로도 진심이 전해지기도 하지.
손을 잡거나 어깨를 토닥이는 것만으로도 큰 위로가 되기도 해.
바로 우정의 놀라운 힘이지.

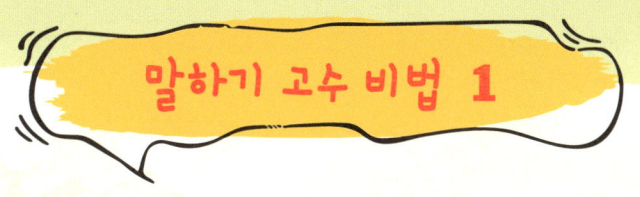

거짓말하거나 허풍 떨지 말자

친구 사이에 신뢰와 믿음을 깨는 게 뭘까?

그건 거짓말이야.

무심코 한두 번 했던 거짓말이 들통나는 순간, 둘의 우정에 금이 가 버리지.

허풍을 떠는 습관도 위험해. 믿음직스러워 보이지 않거든.

재미있게 말하는 건 좋지만, 그렇다고 너무 과장된 표현을 자주 쓰면

"쟤는 늘 뻥튀기처럼 부풀려서 말하더라. 반만 믿으면 돼."라는 말을 들을 수도 있어.

칭찬을 아끼지 말자

우정을 키우는 데는 칭찬이 큰 역할을 해.
친구의 장점을 파악해서 말해 주자.
칭찬을 잘한다는 건 긍정적인 마음과 사고를 지닌 사람이라는
뜻이기도 해. 칭찬은 나와 친구에게 좋은 에너지가 될 거야.

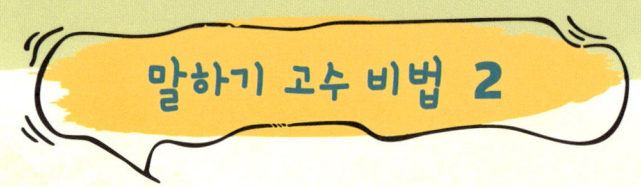

진실한 충고도 필요해

친구가 잘못하면 진심으로 충고해 줄 필요가 있어.

잘못된 점이 있는데도 오히려 칭찬한다면 너의 진심은 의심을 받게 될 거야.

그런데 충고야말로 기술이 필요해.

서로 상처를 받지 않도록 말이야.

직설적인 표현보다는 완곡한 표현을 쓰면 돼.

너의 진심도 전달하고, 친구와의 우정도 지킬 수 있어서 일석이조야.

● 우정을 지키는 충고의 기술

1. 자존심을 건드리는 자극적인 말은 하지 말자.
2. 친근하고 부드럽게 이야기하자.
3. 충고는 단둘이 있을 때 하자.
4. 충고는 한 번만! 같은 말을 두 번 하지 말자.

고민 솔루션 이럴 때는 이렇게!

친구한테 사과하는 좋은 방법 없을까요?

말싸움을 벌이고 나면 서로 감정이 많이 상하게 돼.
이때 성급하게 말하면 오히려 역효과가 날 수도 있어.
화해하고 싶다면 먼저 친구와 입장을 바꿔서 생각해 보자.
그럼 내가 친구에게 잘못한 점을 객관적으로 판단할 수 있지.
내 잘못을 솔직하게 인정하며 정중하게 말해 봐.
"미안해, 내가 말이 너무 심했어. 경솔하게 행동했던 거 용서해 줄래?"

친구와 화해했는데도 아직 어색해요.

그럴 때는 친구에게 번개 질문을 하는 것도 괜찮아.
"너 요즘 어떤 가수 노래가 좋니?"
"난 술넘기를 잘하지 못하는데 넌 잘해?"
이렇게 질문을 통해 새로운 이야깃거리를 만들어 내는 거지.
친구와 단둘이 만날 약속이 있다면 미리 이야기깃거리를 3, 4개 정도 준비해 봐.
재미난 영화, 재미있는 소식 등을 이야기하면 대화가 잘 이어질 거야.

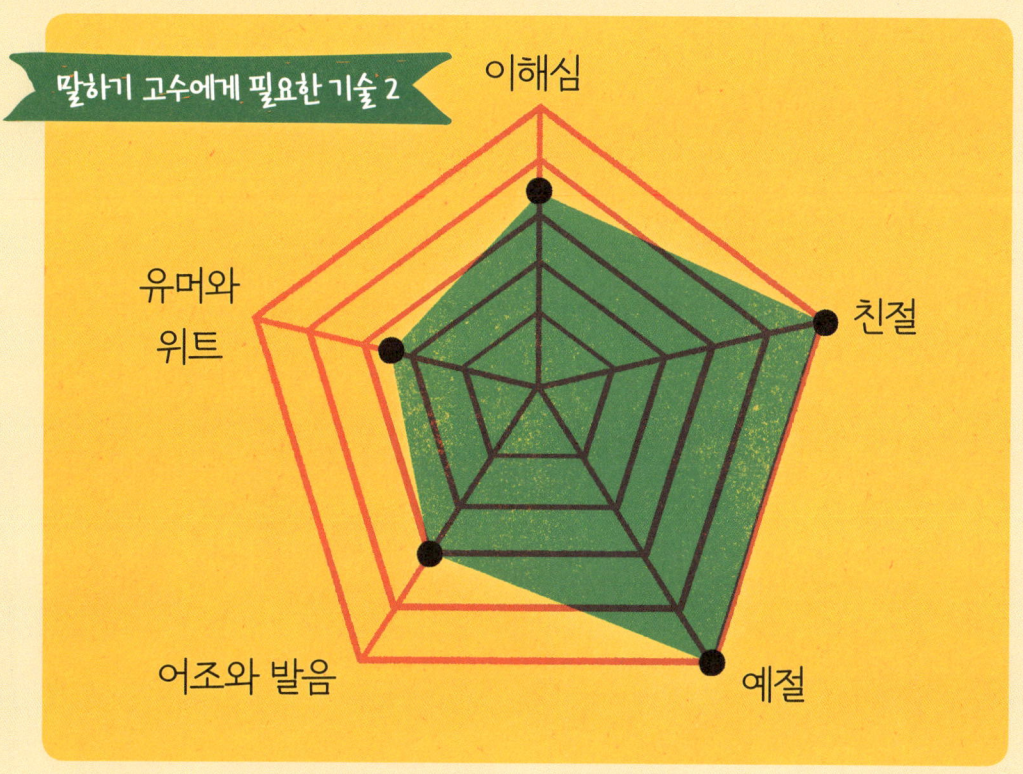

17 인사 나누기

학원에서

술술샘의 술술 상담소

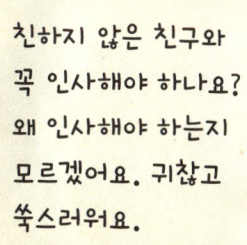

친하지 않은 친구와 꼭 인사해야 하나요? 왜 인사해야 하는지 모르겠어요. 귀찮고 쑥스러워요.

인사는 사람과 사람이 소통할 때 나누는 첫 번째 대화야. 반가운 마음을 짧은 인사말로 전하며 만남을 시작하는 거지. 서로 뚱하니 인사조차 하지 않고서 만난다면 그 만남이 즐거울까?

인사 없는 만남이라… 그럼 좀 서먹서먹하겠네요.

인사는 '사람이 마땅히 해야 할 일' 또는 '사람을 섬기는 것'이란 의미가 있어. 의미가 참 멋지지 않니? "안녕!"이라는 짧은 인사말 속에 '당신을 존중합니다.'라는 의미가 담겨 있으니 말이야.

우아, 놀라운데요?

인사를 잘하는 사람은 누구에게나 좋은 인상을 주고, 좋은 사람으로 기억되지. 말하기 고수들의 숨은 비법이 바로 인사란다.

일상에서 말하기 고수되기

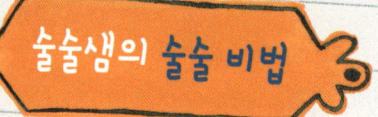

인사는 '당신을 존중합니다.'라는 의미가 담겨 있다!

난이도 ★★★★

사람들은 만나거나 헤어질 때 인사를 나누지.
"안녕!", "반가워!", "잘 가."라는 인사말 속에는 상대방을 존중하는 마음이 담겨 있어.
비록 짧은 말이지만, 그 속에 아주 큰 의미가 담긴 거야.
그래서 상대가 내게 인사하지 않으면 기분이 상하게 되지.
그러다 보니 짧은 인사만 잘 나눠도 많은 시간 이야기를 나눈 것처럼 신뢰와 믿음을 쌓을 수 있어.
무심코 하던 인사, 이제는 성의껏 해야겠지?
친절한 인사말 한마디로 학교생활이 원만하게 풀리기도 하고, 친구와의 관계가 훨씬 좋아질 수도 있어.

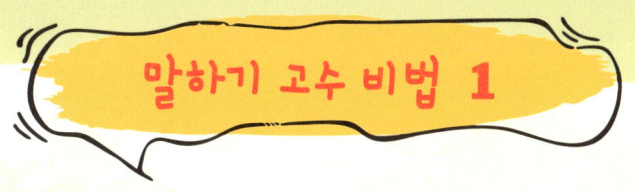

다양한 인사의 종류를 파악하자

1. 눈인사

눈짓으로 가볍게 하는 인사를 말하지. 일상생활 중에 간단히 주고받는 인사인데 조용한 도서관에서 친구와 마주치거나 전화 통화 중에 아는 사람을 만났을 때 할 수 있는 인사야.
눈인사와 함께 살랑살랑 손 인사를 해도 좋아.

2. 보통 인사

웃어른에게 가장 많이 하는 일반적인 인사를 말해. 상체를 30도 정도 숙이고서 "안녕하세요." 하는 상냥한 말로 인사를 나누면 돼.

3. 정중한 인사

웃어른에게 정중하게 표현하는 인사법이야.
보통 인사보다는 상체를 더 공손하게 수이며 인사하지. 예의를 갖춰서 어른들을 만나는 자리에서 주로 하는 인사로 결혼식장이나 생일잔치 등에서 친척 어른을 만났을 경우에 쓰여.

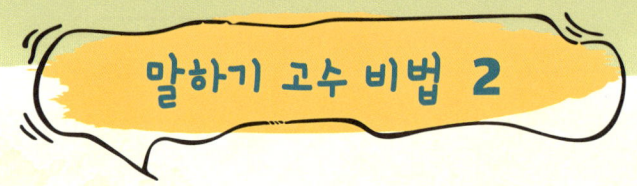

말하기 고수 비법 2

분명한 어조와 자연스러운 행동!

인사말을 나눌 때는 "뭐, 그냥……."처럼 얼버무리지 말아야 해.

또, 고개를 까딱하거나 갸웃거리는 어색한 행동도 좋지 않아.

이런 말투와 행동은 상대를 불쾌하게 만들어.

인사할 때는 "안녕!", "반가워!" 같은 표현을 분명한 어조로 말해 봐.

특히 웃어른에게는 "안녕하세요.", "오랜만에 뵙습니다.", "처음 뵙겠습니다."처럼 공손하고 예의 바르게 인사해야 해.

이때 자연스러운 행동과 밝은 표정도 잊지 마!

레벨 업 비법

인사의 생활화

우리는 늘 새로운 사람을 만나게 돼. 은행, 마트, 문구점 등에 가면 은행원, 판매원, 계산원 등 여러 사람과 만나게 되고 복도나 엘리베이터에서도 낯선 이들을 항상 만나지.

이럴 때도 가볍게 "안녕하세요!"라고 인사하는 습관을 들여 봐. 인사를 생활화하는 거야. 그럼 인사에 대한 거부감이 자연스럽게 없어질 거야.

◉ **특별한 날을 즐겁게 하는 정겨운 인사**

해마다 돌아오는 특별한 날들이 있지. 새해 첫날, 크리스마스, 생일 등.
그런 날일수록 재치 있는 인사말 한마디가 아주 중요해.
진심 어린 한마디로 특별한 날이 더욱더 즐거워지지.
특별한 날에 하는 인사말을 적고서 큰 소리로 말해 봐.

1. 새해 인사를 전해요.

> 예 와! 새날이 밝았어요. 건강하고 행복한 한 해 되세요!

2. 크리스마스 인사를 전해요.

3. 생일 축하 인사를 전해요.

4. 방학하는 날, 친구에게 인사를 전해요.

5. 개학하는 날, 친구에게 인사를 전해요.

레벨 업 비법

웃어른에게 하는 인사 3단계

1단계 ⋯▶ 적정한 거리에서 자세를 바로 하기.
2단계 ⋯▶ 눈을 쳐다보고 미소를 짓기.
3단계 ⋯▶ 공손한 인사말과 함께 자연스럽게 머리를 숙이기.

오늘부터 인사해 봐!

고민 솔루션 이럴 때는 이렇게!

길에서 친구를 보고 인사했는데 친구가 휙 가 버렸어요.

그런 경우라면 정말 기분이 나쁠 거야.

무시를 당했다는 생각에 종일 화가 날 거야.

다시는 그 친구에게 말을 걸기 싫다는 생각마저 들 수 있지.

그런데 혹시 그 친구에게도 사연이 있었던 건 아닐까?

예를 들어 시력이 안 좋아서 너를 못 알아봤을 수 있잖아.

어쩌면 너무 급한 일이 있어서 그 생각을 하느라고 네 말을 미처 못 들었을 수도 있어. 그러니 다음에 만날 때 가볍게 친구에게 물어봐.

"그날 내가 인사했는데, 못 들었니?"라고 말이야.

괜스레 혼자 속상해하는 것보다는 솔직하게 이야기를 나누는 게 좋거든.

그럼 아마 친구도 솔직하게 그 이유를 말해 줄 거야.

18 가족 간의 말하기

술술샘의 술술 상담소

동생이 얼마나 얄미운지 아세요? 누나는 어떻고요. 둘 다 사라져 버렸으면 좋겠어요.

다담아, 그런 말은 하면 안 되지. 사라져 버렸으면 좋겠다니, 쯧쯧!

속상하니까 그렇죠. 엄마랑 아빠도 마찬가지예요. 매일 나만 잘못했다면서 야단만 치신다고요. 우리 가족은 왜 이러는 걸까요?

사실 가족은 가장 가까운 사이지. 그래서 편하게 막 대하고 자주 싸우게 돼. 그렇기 때문에 더 상처받기 쉬운 관계란 걸 명심해야 해. 하지만 가족 간의 갈등을 해결할 비법은 있어.

정말요? 그 세 뭔네요?

예절! 가족 간의 예절이야! 평소 가족 간의 대화에서도 서로 지켜야 할 예의가 있지. 그것만 기억해도 갈등을 줄일 수 있단다.

일상에서 말하기 고수되기

술술샘의 술술 비법

가족 간의 말하기에도 예절이 필요하다!

난이도 ★★★★

가족 간에 무슨 예절이 필요하냐고?
가족은 세상에서 가장 가까운 사이야.
그러다 보니 너무 친하게 느낀 나머지 지나친 말이나 행동으로
서로 상처를 주게 돼. 때로는 큰 갈등으로 번지기도 하지.
항상 곁에 있어서 사람 사이에 지켜야 할 기본예절을 무시한 거야.
그래서 가까운 사이일수록 서로를 존중하는 예의가 필요해.
그래야 좋은 사이를 계속 유지할 수가 있거든.
가족 간의 예절이란 어렵거나 대단한 게 아니야.
타인을 대할 때와 똑같이 배려하고 조심하면 돼.
이것만 지켜도 갈등은 훨씬 줄어들 거야.

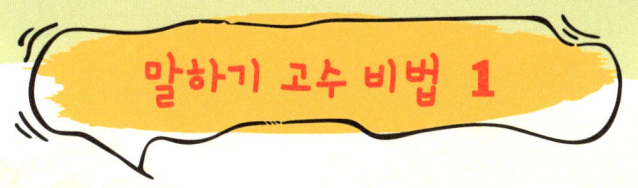

가까울수록 예의를 지켜라!

가족끼리 대화할 때, 꼭 지켜야 할 것이 있어.

1. 타인에게 말하는 것처럼 자상하고 친절하게 말하기.
2. 부탁할 때는 명령하듯 말하지 말고 공손하게 말하기.
3. 역지사지! 상대방의 기분이나 상황을 체크하고 대화하기.
4. "야", "너"와 같은 호칭은 피하고 이름이나 누나, 언니, 오빠, 형으로 부르기.
5. 심한 장난이나 욕설은 하지 않기.

행동도 주의하도록 하자. 노크 없이 방문을 열거나, 물건을 함부로 쓰거나, 핸드폰이나 일기장을 훔쳐보고, 때리는 행위는 삼가도록 해.

레벨 업 비법

"~해 줄래?"

가족에게 부탁할 때는 주의해야 해. 보통 "~해.", "~해 줘."라고 명령하듯 말하게 되지. 하지만 제대로 예의를 갖춰서 부탁하는 것이 좋아. "~해 줄래?", "~해 줄 수 있을까?", "~해 주실래요?"라고 공손히 부탁하는 말을 사용하면 갈등이 훨씬 줄어들 거야.

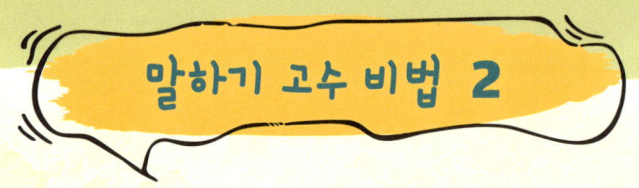

말하기 고수 비법 2

충동적으로 말하지 말자!

가족 간 대화에서 갈등을 일으키는 가장 큰 원인은 뭘까?

바로 충동적인 말하기야. 감정을 섞어 말하는 거지.

화를 내며 소리치거나 부정적인 말, 빈정거리는 말을 해서 갈등이 생기는 거지.

감정을 다스리고 차분하게 말하면 가족 사이에 갈등은 반으로 줄어들 거야.

이야기를 나누다가 화나 짜증이 나려고 할 때는 이런 방법을 써 봐.

● **감정을 조절하는 방법**

1. 마음속으로 6초만 세어 보자.
2. 심호흡을 3번 하자.
3. 베개나 인형을 꼭 안고서 진정해 보자.
4. 물을 마시고 가벼운 스트레칭을 하며 기분을 바꿔 보자.

레벨 업 비법

몸짓 언어를 신경 쓰자

대화는 입으로만 하는 게 아니야. 손짓, 표정, 눈빛으로도 다양한 말을 전할 수 있지. 배꼽 잡고 웃으면, 그건 재미있다는 뜻이잖아. 이야기를 들을 때 거만하게 팔짱을 낀 동작, 상대에게 손가락질하는 동작, 눈을 홉뜨고 노려보는 표정 등은 하지 말자. 몸짓 하나에도 신경을 쓰도록 해.

고민 솔루션 이럴 때는 이렇게!

사사건건 부딪치는 동생을 어떡해요?

형제는 가장 좋은 친구이면서도 때로는 라이벌처럼 경쟁하지. 사사건건 부딪치기 때문에 갈등을 피하기 힘들 거야. 그럴 때 그냥 참는 건 좋지 않아. 갈등이 계속 쌓이다가 폭발하면 큰 싸움이 될 수 있거든. 오히려 갈등이 생길 때마다 그때그때 대화를 나누며 푸는 게 좋아.
"난 너의 이런 점에 화가 났어. 넌 내게 왜 화가 났니? 솔직하게 대화하자."
이렇게 차분히 물으면서 대화를 시작해 봐.

부모님께 화를 자주 내게 돼요. 어쩌죠?

화나 짜증은 습관이란 걸 혹시 아니?
습관이란 반복적으로 하는 행동이잖아.
부모님과 대화할 때, 화낼 일도 아닌데 시작부터 언성을 높이지는 않니?
짜증이 섞인 말투로 괜히 인상을 쓰지는 않니?
부모님과 대화할 때 부드럽게 미소를 지어 봐.
그리고 차분한 말투와 부드러운 음성으로 대화를 나눠 보는 거야.
그런 대화가 세, 네 번만 이어져도 화를 내는 습관이 사라질 거야.

19 웃어른과 말하기

어른을 대하는 건 너무 어려워요. 무슨 말을 해야 할지 모르겠어요.

오호 왜 그럴까? 무슨 일이 있었니?

이거 해라, 저거 해라, 맘대로 자꾸 하시려고 해요. 어휴, 먹는 것도 맘대로 못 먹게 하시잖아요. 답답하니까 자꾸 피하게 돼요.

물론 어른들이 하는 말이 고리타분하고 답답할 수 있어. 그런데 너의 행동과 말에도 문제가 있다는 생각은 안 드니?

저도 문제가 있다고요?

할머니가 오셨을 때 반갑게 인사하고, 싫은 반찬을 주셔도 일단 "고맙습니다."라는 말부터 했으면 어땠을까? 어른과의 대화는 예의 있는 첫마디가 아주 중요하단다.

술술샘의 술술 비법

어른과의 대화는 시작이 반이다!

난이도 ★★★★

'시작이 반'이라는 말이 있지.
어른들과 대화할 때 성공하는 비법도 바로 시작이 반이야.
대화는 첫마디가 중요한데 첫마디에 따라 이후의 대화 흐름이 결정되기 때문이지.
어른을 대할 때, 공손하고 상냥한 첫마디를 던지면
"나는 당신을 어른으로 공경하고 존중합니다."라는 의미가 되지.
반면 쌀쌀맞고 예의 없는 퉁명스러운 첫마디는
"난 당신을 존중할 마음이 없어요."라는 의미가 되는 거야.
그래서 선생님이나 부모님, 친척이나 동네 어른들과의 대화에서
첫마디를 어떻게 했느냐에 따라 칭찬을 받기도, 버릇이 없다고
혼나기도 했던 거지.

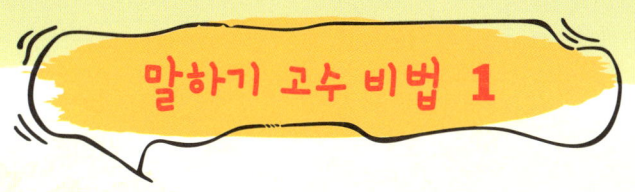

인사만 잘해도 80점!

어른들을 만났을 때 고개를 정중히 숙이고서 "안녕하세요."라고 말해 봐.
너무 쉽다고? 그렇지만 이 사소한 행동으로도 예의 바른 사람이 될 수 있어.
정중한 인사로 어른들에게 좋은 첫인상을 남기는 거지.
자연스레 너를 긍정적인 눈으로 바라보게 될 거야.
그래서 인사를 잘하는 아이를 보면 어른들은 이렇게 말하지.
"저 아이는 인사성이 아주 밝아. 예의 바르고 좋은 성품을 가진 아이야."
공손한 인사로 이미 80점을 받고서 대화를 시작하는 셈이니
이후의 대화는 술술 풀리겠지?

일상에서 말하기 고수되기

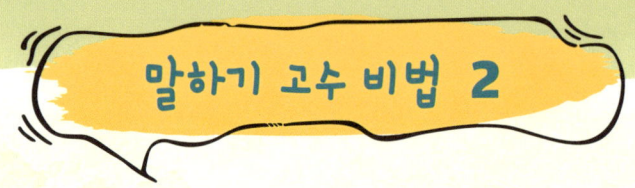

말하기 고수 비법 2

우리끼리 쓰는 SNS 용어나 줄임말을 피하자!

어른들과 대화를 나눌 때 조심해야 할 것이 있어.

바로 친구들과 사용하는 줄임말이나 SNS 용어이지.

그런 말을 쓰면 어른들은 "그게 무슨 뜻이니?"라고 고개를 갸웃거리게 돼.

그럴 때는 "그것도 모르세요?"라고 말하지 말고, 차근차근 설명하도록 해.

어른들과 대화할 때는 줄임말이나 유행어 말고

다른 우리말 표현을 쓰도록 하자.

● 어른들과 대화할 때 고려하면 좋은 것들

1. 상대의 연령을 생각하자.
2. 대화의 목적이 무엇인지 생각하자.
3. 웃어른에게는 높임말을 쓰자.
4. 상대의 기분을 잘 파악해서 말하자.

레벨 업 비법

높임말을 기억하자

우리말에는 웃어른들께 사용하는 높임말이 있지.
평소 자주 사용하는 높임말을 잘 기억해 두자.

밥 → 진지 / 먹다 → 들다, 잡수다 / 자다 → 주무시다 / 나이 → 연세 /
말 → 말씀 / 생일 → 생신 / 주다 → 드리다 / 묻다 → 여쭈다 / 이름 → 성함 /
집 → 댁

레벨 4

고민 솔루션 이럴 때는 이렇게!

어른들이 자꾸 듣기 싫은 충고를 할 때는 어쩌죠?

어른들은 옷차림이나 말투, 식습관 등을 자주 지적하시지.
그 말에는 너를 걱정하는 마음이 담겨 있다는 사실을 기억하렴.
하지만 듣는 입장에서는 짜증이 나고 답답한 것도 사실이야.
그럴 때는 '엄마가 날 이만큼이나 사랑하신다!' 하고 주문을 걸어 봐.
그리고 "엄마, 저도 앞으로 노력할게요. 대신 엄마도 같은 충고는
하지 말아 주세요. 부탁드려요."라고 말해 봐.

말이 안 통해요. 어쩌죠?

부모님이나 할머니, 할아버지와 대화하면 가끔 답답하다고?
그분들이 살아온 시간과 경험이 나와 다르기 때문이지.
그런데 반대로 생각하면 네가 어른을 이해하지 못하듯
어른들도 너를 이해하기 힘들 거야.
그럴 때는 일단 상대방의 의견을 존중하고서 내 의견을 말하는 거야.
"부모님 말씀도 맞아요. 근데 저는 이렇게 생각해요."
그럼 어른들도 너의 의견을 수긍하고 존중해 줄 거야.

20 전화로 말하기

술술샘의 술술 상담소

전화하다 보면 이런 오해가 종종 생긴다니까요. 저도 예전에 통화하다가 친구를 오해한 적이 있고요.

흔히 생길 수 있는 상황이지. 전화는 표정을 보고 하는 대화가 아니라서 그런 거야. 목소리만으로 대화하니까 오해가 생기는 거야.

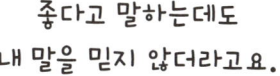

좋다고 말하는데도 내 말을 믿지 않더라고요.

전화 통화를 할 때는 목소리가 얼굴이자 표정이기 때문이야. 목소리로 상대방의 기분을 짐작하지.

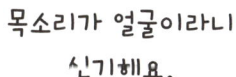

목소리가 얼굴이라니 신기해요.

얼굴을 보고 대화할 때는 상대방이 좋다고 말해도 표정에 싫은 티가 나면 '싫은 거구나.'라고 짐작하잖아. 마찬가지로 전화 통화에서도 '좋다.'는 말을 들어도 목소리의 톤이나 분위기에 따라 정반대로 해석될 수 있어.

술술샘의 술술 비법

전화 통화에서는
목소리가 얼굴이고 표정이다!

난이도 ★★★★

전화 통화는 목소리만으로 서로의 마음을 짐작하는 대화야.
그러니 목소리가 아주 중요하지.
그래서 전화를 하거나 받을 때,
"음! 음!" 하고 목소리를 가다듬게 되는 거야.
통화할 때 우리의 청각도 아주 예민해져.
만나서 이야기하면 시각과 청각을 고루 사용하지만,
통화는 목소리에만 의존하기 때문에 청각이 더 예민해지는 거야.
그래서 목소리가 유난히 맑고 청아한 친구들은
전화 통화를 할 때 상대에게 더 좋은 인상을 주지.
하지만 목소리가 다소 탁하더라도 몇 가지 기술만 익힌다면
전화 통화에서도 상대에게 좋은 인상을 줄 수 있어.

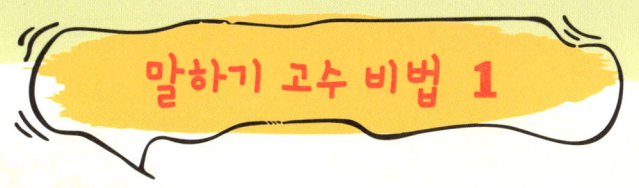

정확하게 말하자

통화할 때 뒷말을 얼버무리거나 발음을 불분명하게 하는 친구들이 있어.
그럼 귀를 기울이던 상대방은 무척 예민해져.
예민하게 통화하면 좋은 대화가 이루어질 수 없지.
전화 통화할 때는 평소보다 더 정확하게 발음해야 해.
얼굴을 볼 때는 표정을 통해 진심을 읽을 수 있지만,
통화에서는 그럴 수 없잖아. 그래서 분명하게 의사를
전달하면 오해가 생기지 않지.

레벨 업 비법

전화 통화에서 지켜야 할 예절

1. 전화할 때는 자기 이름을 꼭 밝히기.
2. 용건은 간단하고 명료하게 말하기.
3. 전화를 받기 어려운 상황이면 양해를 구하고 나중에 통화하기.
4. 끝인사는 명랑하게 하고, 상대방이 끊은 후에 끊기.

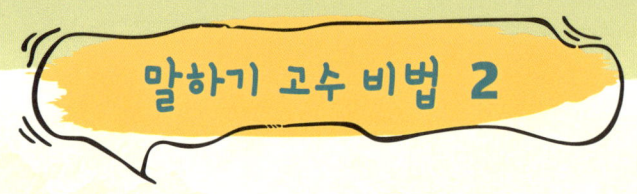
말하기 고수 비법 2

중요한 대화는 영상 통화를 이용하자

전화 통화로 아주 중요한 대화를 할 때가 있지.

그럴 때는 한마디 말이나 분위기에도 오해가 생길 수 있어.

그래서 더 조심해서 대화해야 해.

차라리 영상 통화를 하는 것도 좋은 방법이야.

표정을 보면서 이야기하면 오해가 쌓이지 않거든.

레벨 업 비법

문자나 카톡을 보낼 때 기억할 것!

전화 통화하기 어렵다면 문자나 카톡을 보내도 좋아. 문자나 카톡은 글로 하는 대화야. 글이 얼굴이 되고 표정이 되는 거지. 단어 하나에도 네 표정이 담기는 거야. 그러니 전화 통화나 만나서 하는 대화보다 더 예의를 지켜야 해.

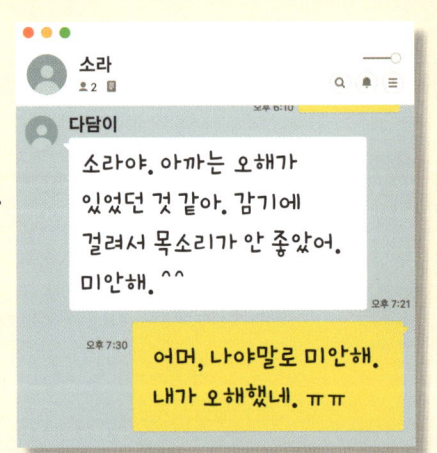

고민 솔루션 이럴 때는 이렇게!

전화로 이야기하다가 싸웠어요.

전화로 싸우게 되면 얼굴이 보이지 않아서 상황이 심각해지지.

다툼이 일어나면 직접 만나서 이야기하는 것이 좋아.

통화 중에 혹시 다툼이 생기면 이렇게 말하도록 해.

"우리 일단 만나서 이야기하자."

그럼 만나기까지의 시간 동안 감정이 누그러져서,

얼굴을 보면 이성적이고 현명하게 이야기를 나눌 수 있어.

길게 통화하는 게 문제가 되나요?

전화 통화를 만나서 이야기하듯 주절주절 길게 하는 친구들이 있어.

특별히 중요한 용건이 없는데 길게 통화하면 상대방은 짜증이 나거나 지루해져.

그럼 적당한 휴대 전화 통화 시간은 얼마나 될까?

어느 기관에서 2천 명을 대상으로 조사한 결과 9분 36초라고 해.

그 정도면 많은 이들이 기분 좋게 통화를 끊을 수 있다는 거야.

특별한 경우가 아니라면 전화 통화는 10분 이내로 끝내는 게 적당해.

21 사회 보기

술술샘의 술술 상담소

앞에서 사회를 보는 건 정말 어려운 일이에요. 심장이 쿵쾅쿵쾅 뛰어서 말도 잘 안 나오더라고요.

다담이가 사회까지 보다니! 박수를 보내고 싶어. 사회는 용기와 자신감이 없다면 할 수 없는 일이거든.

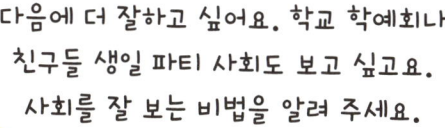

다음에 더 잘하고 싶어요. 학교 학예회나 친구들 생일 파티 사회도 보고 싶고요. 사회를 잘 보는 비법을 알려 주세요.

용기와 자신감을 갖추었으니, 그다음은 기술이 필요해. 사회를 볼 때 중요한 건 바로 유머와 위트야! 재미야말로 최고의 양념이거든.

유머와 위트!

유머와 위트는 사회를 볼 때만이 아니라, 평소 말하기에서도 중요해. 위트 있는 대화는 모두를 즐겁고 행복하게 해 주거든. 말하기의 최고 단계이지.

일상에서 말하기 고수되기

술술샘의 술술 비법

사회는
유머와 위트가 중요하다!

난이도 ★★★★

사회를 맡는 친구는 친구 사이에서 인기가 많지.
그런 친구들은 유머 있게 말하는 방법을 잘 알거든.
사회를 본다는 건 그 모임의 분위기를 이끌어 간다는 뜻이야.
그만큼 통솔력도 필요하지.
그러나 사회자는 특별한 친구들만 하는 건 아니야.
누구나 연습을 통해 멋진 사회자가 될 수 있어.
몇 가지 기술만 익힌다면 말이야.
첫 번째 기술은 현장의 분위기를 파악하는 거지.
두 번째 기술은 유머와 위트가 담긴 압도적인 말솜씨야.
그럼 지금부터 비법을 알아보자.

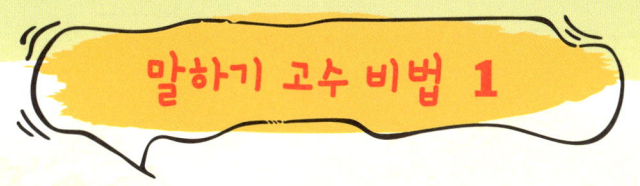

행사에 맞는 멘트를 날려라

사회의 기본은 현장의 분위기를 빠르게 읽는 거야.

그러려면 행사의 성격과 목적을 알고서 그에 맞는 멘트를 준비해야 하지.

1. 장기 자랑 대회 → 참가자들을 소개하는 부분에 중심을 두어야 해.
2. 생일 파티 → 생일을 맞은 사람의 기분을 즐겁게 하는 부분에 중심을 두어야 해.
3. 학교 행사 → 행사를 알리고 준비된 순서대로 잘 진행될 수 있도록 친절하게 안내해야 해.

멘트를 준비할 때는 청중을 파악하는 것도 중요해.

청중들의 눈높이에 맞는 멘트를 준비하기 위해서지.

또래 친구들만 모인 자리라면 친근하고 상냥하게, 선생님이나 부모님 등 어른들이 함께한 자리라면 진지하고 예의 바른 멘트를 쓰도록 하자.

레벨 업 비법

멘트를 준비할 때 미리 알아야 할 것들

1. 행사의 목적을 정확히 알기.
2. 청중의 명수와 나이를 알아 두기.
3. 행사 장소와 분위기 파악하기.

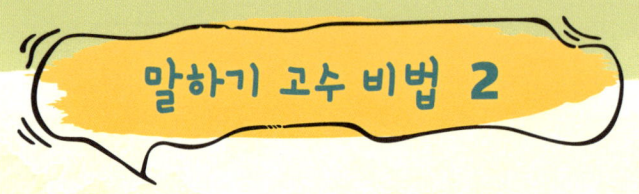

긴장감 있게 말하라

유머와 위트 있는 말하기 실력은 연습을 통해서 기를 수 있어.

재미난 경험이나 흥미로운 이야기를 기록해 두었다가 이야기 소재로 삼아 봐.

거울을 보며 재미난 표정이나 동작을 곁들여 말하는 연습을 해도 좋지.

유머는 웃기고 재미있는 말을 사용해야만 생길까?

때로는 긴장감이 도는 분위기를 만들어서 재미있는 사회를 볼 수 있어.

다음 두 방법 중 어떤 말하기가 더 재미날까?

1. "올해의 수상자는 ㅇㅇㅇ 씨입니다. 축하합니다."

2. "올해의 수상자는 누구일까요? 두구두구 주인공은…… ㅇㅇㅇ 씨! 축하합니다!"

당연히 2번이 더 재미있을 거야. 바로 알려 주지 않고 긴장감을 조성해서 청중들의 집중력을 높였기 때문이지.

레벨 업 비법 — 뜸 들이기 60초!

수상자를 발표하는 진행이라면 이 멘트를 활용해서 긴장감을 높일 수 있어.

"대상 수상자는…… 60초 후에 공개됩니다!"

60초의 뜸 들이기를 통해 기다리는 즐거움을 주는 거야.

고민 솔루션 이럴 때는 이렇게!

청중들이 집중을 안 해요.

열심히 사회를 보는데 청중들이 딴짓하면 참 기운 빠지는 일이지. 그럴 때는 청중들의 시선을 다시 집중시킬 필요가 있어.

진행을 잠시 멈추고서 청중에게 질문을 던져 봐.

"여러분, 어떠세요? 즐거우신가요?"

그럼 딴짓하던 청중이 다시 관심을 두게 될 거야.

만약 "재미없어요!"라고 대답하는 청중이 있다면 이렇게 말하면 어떨까.

"지금부터는 재미있을 거니까 집중! 집중하기 바랍니다."

진행을 좀 더 즐겁게 할 방법을 알려 주세요.

청중에게 참여할 기회를 주면 어떨까? 예를 들어, "여러분, 오래 앉아 있으니까 힘드시죠? 자, 잠시 모두 일어나세요. 그리고 저를 따라 해 보세요." 하면서 잠깐 손동작이나 허리 돌리기 등을 하도록 하는 거지. 또는 "여러분, 지금부터 3! 3! 7! 박수!" 이렇게 함께 손뼉을 치도록 유도해서 분위기를 띄우는 것도 효과적이야.

말하기와 관련된 이야기들

가는 말이 고와야 오는 말이 곱다
→ 남에게 말이나 행동을 곱게 하면 자신도 좋은 말을 듣고 좋은 대접을 받는다는 뜻.

남의 잔치에 감 놓아라 배 놓아라 한다
→ 남의 일에 함부로 이래라저래라 간섭한다는 뜻.

낮말은 새가 듣고 밤말은 쥐가 듣는다
→ 아무도 안 듣는 것 같을 때라도 말을 신중하게 하라는 뜻.

노랫소리가 아무리 아름다워도 오래 들으면 싫증이 난다
→ 좋은 말이라도 여러 번 하면 듣기 싫다는 뜻.

말이 씨가 된다
→ 무심코 하는 말이 실제로 일어날 수 있으니 조심하라는 뜻.

말 한마디에 천 냥 빚도 갚는다
→ 말을 잘하면 어려운 일도 해결할 수 있다는 뜻.

발 없는 말이 천 리 간다
→ 말이란 순식간에 멀리 퍼지니 조심해서 말해야 한다는 뜻.

살은 쏘고 주워도 말은 하고 못 줍는다
→ 화살은 쏘고 나서 주워 올 수 있지만,
   한 번 뱉은 말은 도로 담을 수 없다는 뜻.

어 다르고 아 다르다
→ 같은 말이라도 어떻게 표현하느냐에 따라 뜻이 달라진다는 뜻.

음식은 갈수록 줄고 말은 갈수록 는다
→ 말이란 옮겨 가면 갈수록 과장된다는 뜻.

입은 비뚤어져도 말은 바로 해라
→ 아무리 상황이 안 좋아도 말은 바르게 해야 한다는 뜻.

청산유수(靑山流水)
→ 말을 물 흐르듯이 막힘없이 잘한다는 뜻.

혀 아래 도끼 들었다
→ 말을 잘못하면 화를 당할 수도 있다는 뜻.

호랑이도 제 말 하면 온다
→ 누군가의 이야기를 하는데, 마침 그가 나타난다는 뜻.